Mit der Liebe ist es so eine Sache…
Es ereignet sich täglich von Neuem: Zwei Menschen treffen aufeinander, es knistert zwischen ihnen, sie verlieben sich und schon stecken sie in einer Beziehung, die ein Versprechen auf die Zukunft zu bergen scheint. Das Zusammensein jedoch ist alles andere als einfach, und es erweist sich als große Herausforderung, über alle Unterschiede des Temperaments und des Lebensentwurfs hinweg die gegenseitige Zuneigung oder gar Liebe zu bewahren. In den sieben Erzählungen dieses Buches hapert es immer an irgendetwas, so dass die Liebe und das gemeinsame Leben nicht so gelingen, wie man es sich wünschen würde. In ihren Gefühlen, ihren Ängsten, ihrer Feigheit oder ihrem Dünkel kommen uns die Menschen, deren Geschichten in einer vergangenen Zeit angesiedelt sind, ganz nah.

Richard Fenzl hat zahlreiche Bücher in der Reihe dtv zweisprachig publiziert, derzeit lieferbar sind ‹Smile or Laugh or Grin. Heitere britische Kurzgeschichten› (dtv 9325), Arthur Conan Doyle, ‹Four Penny Shockers› (zusammen mit Angela Uthe-Spencker) und ‹Take it easy. Englische und amerikanische Kurzgeschichten› (dtv 9405).

Love Is a Funny Thing

Wohin die Liebe fällt

Erzählungen britischer
Autoren

Ausgewählt und übersetzt von
Richard Fenzl

dtv

Ausführliche Informationen über
unsere Autoren und Bücher
www.dtv.de

2018
dtv Verlagsgesellschaft mbH & Co. KG, München
Der Band ist erstmals 1996 unter dem Titel
‹Love and Marriage. Liebe und Ehe› (dtv 9351) erschienen.
Umschlaggestaltung: dtv unter Verwendung des Gemäldes
‹By the Sea› von Povl Steffensen
(bridgemanart.com/Private Collection,
Foto: © Christie's Images)
Satz: Greiner & Reichel, Köln
Druck und Bindung: Druckerei C.H.Beck, Nördlingen
Gedruckt auf säurefreiem, chlorfrei gebleichtem Papier
Printed in Germany · ISBN 978-3-423-09539-6

Thomas Hardy
The Fiddler of the Reels · Der Teufelsgeiger   6 · 7

William Schwenck Gilbert
Angela · Angela   52 · 53

George Egerton (Mary Chavelita Dunne Bright)
A Little Grey Glove ·
Ein kleiner grauer Handschuh   66 · 67

Arthur Morrison
A Poor Stick · Ein armer Tropf   98 · 99

George Gissing
The Prize Lodger ·
Der hochgeschätzte Untermieter   110 · 111

George Moore
A Faithful Heart · Eine treue Seele   146 · 147

D. H. Lawrence
Fanny and Annie · Fanny und Annie   178 · 179

Anmerkungen   220

Biographische Notizen   221

Thomas Hardy
The Fiddler of the Reels

"Talking of exhibitions, world's fairs, and what not," said the old gentleman, "I would not go round the corner to see a dozen of them nowadays. The only exhibition that ever made, or ever will make, any impression upon my imagination was the first of the series, the parent of them all, and now a thing of old times – the Great Exhibition of 1851, in Hyde Park, London. None of the younger generation can realize the sense of novelty it produced in us who were then in our prime. A noun substantive went so far as to become an adjective in honour of the occasion. It was 'exhibition' hat, 'exhibition' razor-strop, 'exhibition' watch; nay, even 'exhibition' weather, 'exhibition' spirits, sweethearts, babies, wives – for the time.

"For South Wessex, the year formed in many ways an extraordinary chronological frontier or transit-line, at which there occurred what one might call a precipice in Time. As in a geological 'fault', we had presented to us a sudden bringing of ancient and modern into absolute contact, such as probably in no other single year since the Conquest was ever witnessed in this part of the country."

These observations led us onward to talk of the different personages, gentle and simple, who lived and moved within our narrow and peaceful horizon at that time; and of three people in particular, whose queer little history was oddly touched at points by the Exhibition, more concerned with it than that of anybody else who dwelt in those

Thomas Hardy
Der Teufelsgeiger

«Wenn von Messen und Weltausstellungen und was nicht sonst noch allem die Rede ist», sagte der alte Herr, «würde ich heutzutage nicht um die Ecke gehen, auch wenn ich ein Dutzend davon sehen könnte. Die einzige Ausstellung, die mich je beeindruckt hat und immer beeindrucken wird, war die erste von allen, ihrer aller Stammmutter und jetzt längst Geschichte – die Große Ausstellung von 1851 im Hyde Park zu London. Kein Jüngerer kann sich das Gefühl der Neuartigkeit vorstellen, das diese Ausstellung in uns hervorrief, die wir damals junge Leute waren. Es ging so weit, dass zu Ehren der Gelegenheit ein Hauptwort in einer Fülle von Zusammensetzungen verwendet wurde: Ausstellungshut, Ausstellungsstreichriemen, Ausstellungsuhr; ja, sogar – für kurze Zeit – Ausstellungswetter, Ausstellungsschnäpse, -schätzchen, -babys, -frauen.

Für Süd-Wessex bildete dieses Jahr in vieler Hinsicht eine außerordentliche zeitliche Grenze oder Übergangslinie, an der das aufbrach, was man einen Riss in der Zeit nennen könnte. Wie in einer geologischen ‹Verwerfung› wurde uns vorgeführt, dass das Alte und das Neue auf einmal in wirkliche Verbindung gebracht wurden, so wie dies wahrscheinlich in keinem anderen einzelnen Jahr seit der normannischen Eroberung in diesem Teil des Landes bezeugt wurde.»

Diese Beobachtungen führten uns weiter zu einer Plauderei über die verschiedenen Menschen, die vornehmen und die einfachen, die damals innerhalb unseres engen, friedlichen Bereichs lebten und tätig waren, und besonders über drei Leute, deren merkwürdige kleine Geschichte in einzelnen Punkten auf seltsame Weise mit der Ausstellung zu tun hatte, von der sie mehr betroffen waren als sonst jemand,

outlying shades of the world, Stickleford, Mellstock, and Egdon. First in prominence among these three came Wat Ollamoor – if that were his real name – whom the seniors in our party had known well.

He was a woman's man, they said, – supremely so – externally little else. To men he was not attractive; perhaps a little repulsive at times. Musician, dandy, and company-man in practice; veterinary surgeon in theory, he lodged awhile in Mellstock village, coming from nobody knew where; though some said his first appearance in this neighbourhood had been as fiddle-player in a show at Greenhill Fair.

Many a worthy villager envied him his power over unsophisticated maidenhood – a power which seemed sometimes to have a touch of the weird and wizardly in it. Personally he was not ill-favoured, though rather un-English, his complexion being a rich olive, his rank hair dark and rather clammy – made still clammier by secret ointments, which, when he came fresh to a party, caused him to smell like "boys'-love" (southernwood) steeped in lamp-oil. On occasion he wore curls – a double row – running almost horizontally around his head. But as these were sometimes noticeably absent, it was concluded that they were not altogether of Nature's making. By girls whose love for him had turned to hatred he had been nicknamed "Mop", from this abundance of hair, which was long enough to rest upon his shoulders; as time passed the name more and more prevailed.

His fiddling possibly had the most to do with the fascination he exercised, for, to speak fairly, it could claim for itself a most peculiar and personal quality, like that in a moving preacher. There were tones

der in Stickleford, Mellstock und Egdon lebte, diesen weltabgelegenen Orten. Als Erster von diesen dreien war, was die Bekanntheit angeht, Wat Ollamoor zu nennen – falls das sein wirklicher Name war –, den die Älteren in unserer Runde gut gekannt hatten.

Er war ein Frauenliebling, hieß es, – im höchsten Grad –, sonst rein äußerlich unauffällig. Auf Männer machte er keinen Eindruck; vielleicht war er mitunter etwas frostig. Eigentlich Tierarzt, war er in Wirklichkeit Musiker, Geck und Gesellschaftslöwe; eine Zeit lang wohnte er im Dorf Mellstock. Niemand wusste, woher er gekommen war; einige behaupteten, er sei in dieser Gegend erstmals als Fiedler bei einer Schau auf dem Jahrmarkt von Greenhill aufgetaucht.

Mancher ehrenwerte Dörfler neidete ihm seine Macht über die unbedarften Jungfern – eine Macht, der manchmal ein Hauch des Unheimlichen und der Hexerei anzuhaften schien. Er war nicht hässlich, wenn auch recht unenglisch im Aussehen: Seine Hautfarbe war von sattem Olivgrün, sein kräftiges Haar dunkel und ziemlich klebrig – noch klebriger gemacht durch unergründliche Salben, die ihn, wenn er neu in eine Gesellschaft kam, duften ließen wie in Lampenöl getauchte «Knabenliebe» (Stabwurz). Gelegentlich trug er Locken – eine doppelte Reihe –, die sich fast horizontal um seinen Kopf herum rollten. Da aber auffiel, dass sie manchmal fehlten, schloss man, dass sie durchaus kein Werk der Natur waren. Von Mädchen, deren Liebe zu ihm sich in Hass verwandelt hatte, war er mit dem Spitznamen «Mopp» bedacht worden, wegen dieser Üppigkeit des Haares, das so lang war, dass es auf seinen Schultern ruhte. Mit der Zeit setzte sich dieser Name immer mehr durch.

Sein Fiedeln hatte möglicherweise am meisten zu tun mit der Verzauberung, die er ausübte, denn, ehrlich gesagt, es konnte gerechterweise eine überaus eigene und persönliche Klangfarbe, wie die Rede eines Wanderpredigers, für sich in Anspruch

in it which bred the immediate conviction that indolence and averseness to systematic application were all that lay between "Mop" and the career of a second Paganini.

While playing he invariably closed his eyes; using no notes, and, as it were, allowing the violin to wander on at will in the most plaintive passages ever heard by rustic man. There was a certain lingual character in the supplicatory expressions he produced, which would wellnigh have drawn an ache from the heart of a gate-post. He could make any child in the parish who was at all sensitive to music burst into tears in a few minutes by simply fiddling one of the old dance-tunes he almost entirely affected – country jigs, reels, and "Favourite Quicksteps'" of the last century – some mutilated remains of which even now reappear as nameless phantoms in new quadrilles and gallops, where they are recognized only by the curious, or by such old-fashioned and far-between people as have been thrown with men like Wat Ollamoor in their early life.

His date was a little later than that of the old Mellstock quire-band which comprised the Dewys, Mail, and the rest – in fact, he did not rise above the horizon thereabout till those well-known musicians were disbanded as ecclesiastical functionaries. In their honest love of thoroughness they despised the new man's style. Theophilus Dewy (...) used to say there was no "plumness" in it – no bowing, no solidity – it was all fantastical. And probably this was true. Anyhow, Mop had, very obviously, never bowed a note of church-music from his birth; he never once sat in the gallery of Mellstock church where the others had tuned their venerable psalmody so many hundreds of times; had

nehmen. Es gab Töne darin, die unmittelbar die Überzeugung aufkommen ließen, dass es lediglich Trägheit und Abgeneigtheit gegenüber gleichbleibendem Fleiß waren, was zwischen «Mopp» und der Laufbahn eines zweiten Paganini lag.

Wenn er spielte, schloss er beständig die Augen; er benutzte keine Noten und erlaubte der Violine sozusagen, in den wehmütigsten Passagen, die ein einfacher Bauer je vernommen hatte, nach Belieben weiterzuwandern. Es lag eine gewisse sprachliche Eigenschaft in den von ihm hervorgebrachten flehentlichen Ausdrucksformen, die fast dem Inneren eines Türpfostens einen Schmerz entlockt hätten. Er konnte jedes überhaupt für Musik empfängliche Kind in der Pfarrei in wenigen Minuten zum Weinen bringen, indem er einfach eine der alten Tanzweisen fiedelte, die er fast durchweg zum Vorbild hatte – ländliche Giguen, Reels und «Beliebte Quicksteps» des letzten Jahrhunderts –, deren einige verstümmelte Überbleibsel selbst jetzt noch als namenlose Gespenster in neuen Quadrillen und Galoppaden auftauchen, wo sie nur von den Neugierigen erkannt werden oder von so altmodischen und sehr seltenen Leuten, die in ihren jungen Jahren mit Männern wie Wat Ollamoor in Verbindung gekommen waren.

Seine Zeit war etwas später als die der alten Chorkapelle von Mellstock, zu der die Dewys, Mail und die Übrigen gehörten – in der Tat tauchte er in der Gegend erst auf, als diese allseits bekannten Musiker als Kirchenbeamte verabschiedet waren. In ihrer aufrichtigen Liebe zur Gründlichkeit verachteten sie den Stil des neuen Mannes. Theophilus Dewy pflegte zu sagen, es sei keine Süße in ihm – kein Strich, keine Dichte –, es sei alles überspannt. Das stimmte wahrscheinlich. Jedenfalls hatte Mopp ganz offensichtlich seit seiner Geburt nie eine Note Kirchenmusik gespielt; er saß kein einziges Mal auf der Empore der Kirche von Mellstock, wo die anderen so viele hundert Male ihre Instrumente auf den ehrwürdigen Psalmton eingestimmt hatten; höchstwahrscheinlich hatte er

never, in all likelihood, entered a church at all. All were devil's tunes in his repertory. (…)

Occasionally Mop could produce the aforesaid moving effect upon the souls of grown-up persons, especially young women of fragile and responsive organization. Such a one was Car'line Aspent. Though she was already engaged to be married before she met him, Car'line, of them all, was the most influenced by Mop Ollamoor's heart-stealing melodies, to her discomfort, nay, positive pain and ultimate injury. She was a pretty, invocating, weak-mouthed girl, whose chief defect as a companion with her sex was a tendency to peevishness now and then. At this time she was not a resident in Mellstock parish where Mop lodged, but lived some miles off at Stickleford, further down the river.

How and where she first made acquaintance with him and his fiddling is not truly known, but the story was that it either began or was developed on one spring evening, when, in passing through Lower Mellstock, she chanced to pause on the bridge near his house to rest herself, and languidly leaned over the parapet. Mop was standing on his doorstep, as was his custom, spinning the insidious thread of semi- and demi-semiquavers from the E string of his fiddle for the benefit of passers-by, and laughing as the tears rolled down the cheeks of the little children hanging around him. Car'line pretended to be engrossed with the rippling of the stream under the arches, but in reality she was listening, as he knew. Presently the aching of the heart seized her simultaneously with a wild desire to glide airily in the mazes of an infinite dance. To shake off the fascination she resolved to go on, although it would

überhaupt nie eine Kirche betreten. Alles in seinem Vorrat an Stücken waren Teufelsweisen.

Gelegentlich konnte Mopp die oben erwähnte aufwühlende Wirkung auf die Seelen Erwachsener erzielen, besonders bei jungen Frauen von zarter und leicht ansprechbarer Befindlichkeit. So eine war Car'line Aspent. Obwohl schon verlobt, ehe sie ihm begegnete, wurde sie von ihnen allen am meisten durch Mopp Ollamoors zu Herzen gehenden Melodien beeinflusst, zu ihrem Unbehagen, ja sogar zu ihrem wirklichen Schmerz und schließlich zu ihrem Schaden. Sie war ein hübsches, anrührendes Mädchen mit weichem Mund, dessen hauptsächlicher Fehler im Umgang mit ihren Geschlechtsgenossinnen ein gelegentlicher Hang zur Verdrossenheit war. Damals wohnte sie nicht in der Pfarrei Mellstock, wo Mopp wohnte, sondern einige Meilen weiter flussabwärts in Stickleford.

Wie und wo sie erstmals mit ihm und seinem Geigenspiel Bekanntschaft machte, ist nicht genau bekannt, doch man erzählte sich, dass es an einem Frühlingsabend begann oder sich entwickelte, als sie durch Unter-Mellstock kam, zufällig, um sich auszuruhen, auf der Brücke in der Nähe seines Hauses stehenblieb und sich ermattet über die Brüstung lehnte. Mopp stand, wie gewohnt, gerade auf seiner Türschwelle, spann zum Gefallen Vorübergehender aus der E-Saite seiner Geige heraus den hinterhältigen Faden von Achtel- und Sechzehntelnoten und lachte über die Tränen, die den um ihn herumlungernden kleinen Kindern über die Wangen kullerten. Car'line tat so, als sei sie in das sanfte Plätschern des Flusses unter den Brückenbögen vertieft, doch in Wirklichkeit lauschte sie, wie er wusste. Alsbald wurde sie von Herzweh erfasst und zugleich von einem wilden Verlangen, leichten Sinns in die Irrgärten eines endlosen Tanzes hineinzugleiten. Um die Verzauberung abzuschütteln, entschloss sie sich, den Weg fortzusetzen, obschon sie, während er spielte,

be necessary to pass him as he played. On stealthily glancing ahead at the performer, she found to her relief that his eyes were closed in abandonment to instrumentation, and she strode on boldly. But when closer her step grew timid, her tread convulsed itself more and more accordantly with the time of the melody, till she very nearly danced along. Gaining another glance at him when immediately opposite, she saw that *one* of his eyes was open, quizzing her as he smiled at her emotional state. Her gait could not divest itself of its compelled capers till she had gone a long way past the house; and Car'line was unable to shake off the strange infatuation for hours.

After that day, whenever there was to be in the neighbourhood a dance to which she could get an invitation, and where Mop Ollamoor was to be the musician, Car'line contrived to be present, though it sometimes involved a walk of several miles; for he did not play so often in Stickleford as elsewhere.

The next evidences of his influence over her were singular enough, and it would require a neurologist to fully explain them. She would be sitting quietly, any evening after dark, in the house of her father, the parish clerk, which stood in the middle of Stickleford village street, this being the highroad between Lower Mellstock and Moreford, five miles eastward. Here, without a moment's warning, and in the midst of a general conversation between her father, sister, and the young man before alluded to, who devotedly wooed her in ignorance of her infatuation, she would start from her seat in the chimney-corner, as if she had received a galvanic shock, and spring convulsively towards the ceiling; then she would burst into tears, and it was not till some half-hour had passed that she

an ihm vorbeigehen müsste. Als sie heimlich den Spieler vor sich beäugte, stellte sie zu ihrer Erleichterung fest, dass seine Augen in Hingabe an das Spiel geschlossen waren, und sie schritt kühn aus. Doch als sie näher kam, wurde ihr Gang schüchtern, ihre Füße zuckten immer mehr im Einklang mit dem Rhythmus der Melodie, bis sie nahezu dahintänzelte. Sobald sie ihm einen weiteren Blick zuwarf, als sie ihm unmittelbar gegenüberstand, sah sie, dass *eines* seiner Augen geöffnet war und sie spöttisch betrachtete, während er über ihren Gefühlszustand lächelte. Ihr Gang konnte von den erzwungenen Freudensprüngen erst ablassen, als sie ein gutes Stück an dem Haus vorbei war; und Car'line war stundenlang nicht in der Lage, die sonderbare Betörung abzuschütteln.

Wenn immer danach in der Nachbarschaft eine Tanzveranstaltung stattfinden sollte, zu der sie eine Einladung erhalten konnte, und wo Mopp musizierte, brachte es Car'line jedes Mal fertig, dabei zu sein, obschon das manchmal mit einem Weg von mehreren Meilen verbunden war; denn in Stickleford spielte er nicht so oft wie anderswo.

Die nächsten Beweise seines Einflusses auf sie waren ungewöhnlich genug, und es bedürfte eines Nervenarztes, um sie voll und ganz zu erklären. An jedem beliebigen Abend saß sie nach Einbruch der Dunkelheit ruhig im väterlichen Küsterhaus, das mitten in der Dorfstraße von Stickleford stand; dies war die Hauptstraße von Unter-Mellstock nach dem fünf Meilen östlich gelegenen Moreford. Mitten in einer allgemeinen Unterhaltung zwischen Vater, Schwester und dem jungen Mann, auf den ich schon angespielt habe und der, ohne um ihre Verblendung zu wissen, um sie warb, fuhr sie ohne Vorankündigung von ihrem Platz in der Kaminecke auf, als habe sie einen galvanischen Schock erhalten. Unter Zuckungen sprang sie dann bis zur Zimmerdecke hoch, brach in Tränen aus, und erst nachdem etwa eine halbe Stunde vergangen war, wurde sie so ruhig wie sonst. Ihr Vater, der ihre

grew calm as usual. Her father, knowing her hysterical tendencies, was always excessively anxious about this trait in his youngest girl, and feared the attack to be a species of epileptic fit. Not so her sister Julia. Julia had found out what was the cause. At the moment before the jumping, only an exceptionally sensitive ear situated in the chimney-nook could have caught from down the flue the beat of a man's footstep along the highway without. But it was in that footfall, for which she had been waiting, that the origin of Car'line's involuntary springing lay. The pedestrian was Mop Ollamoor, as the girl well knew; but his business that way was not to visit her; he sought another woman whom he spoke of as his Intended, and who lived at Moreford, two miles further on. On one, and only one, occasion did it happen that Car'line could not control her utterance; it was when her sister alone chanced to be present. "O – O – O – !" she cried. "He's going to *her*, and not coming to *me!*"

To do the fiddler justice, he had not at first thought greatly of, or spoken much to, this girl of impressionable mould. But he had soon found out her secret, and could not resist a little by-play with her too easily hurt heart, as an interlude between his more serious lovemakings at Moreford. The two became well acquainted, though only by stealth, hardly a soul in Stickleford except her sister, and her lover Ned Hipcroft, being aware of the attachment. Her father disapproved of her coldness to Ned; her sister, too, hoped she might get over this nervous passion for a man of whom so little was known. The ultimate result was that Car'line's manly and simple wooer Edward found his suit becoming practically hopeless. He was a respectable mechanic, in a far

Neigung zu übermäßiger Erregung kannte, war stets äußerst besorgt wegen dieser Eigenschaft bei seiner jüngsten Tochter und fürchtete, es handle sich dabei um eine Art epileptischen Anfalls. Nicht so ihre Schwester Julia. Julia hatte die Ursache herausgefunden. Im Augenblick vor dem Aufspringen hätte nur ein ungewöhnlich empfindsames, in der Kaminnische befindliches Ohr vom Rauchfang herab den Taktschlag eines männlichen Schrittes auf der Hauptstraße draußen vernehmen können. Doch gerade in diesem Schritt, auf den sie gewartet hatte, lag die Ursache von Car'lines unfreiwilligem Springen. Der Fußgänger war Mopp Ollamoor, wie das Mädchen wohl wusste; doch er war nicht unterwegs, um *sie* zu besuchen; er suchte eine andere Frau, von der er als seiner Zukünftigen sprach und die zwei Meilen weiter, in Moreford, wohnte. Bei einer, nur bei einer einzigen Gelegenheit geschah es, dass Car'line ihre Reaktion nicht in der Hand hatte; nämlich als ihre Schwester zufällig allein anwesend war. «O – O – O – !», rief sie. «Er geht zu *ihr* und kommt nicht zu *mir!*»

Um dem Geiger Gerechtigkeit widerfahren zu lassen: Er hatte anfangs nicht sonderlich an dieses so leicht zu beeindruckende Mädchen gedacht oder mit ihr gesprochen. Doch bald hatte er ihr Geheimnis entdeckt und konnte, zwischen seinen ernsthafteren Liebschaften in Moreford, einem Nebenspielchen mit ihrem allzu leicht verletzbaren Herzen nicht widerstehen. Die beiden wurden vertraut miteinander, wenn auch nur heimlich; kaum jemand in Stickleford, außer ihrer Schwester und ihrem Liebhaber Ned Hipcroft, wusste von der Zuneigung. Ihr Vater missbilligte ihre Kälte gegenüber Ned; auch ihre Schwester hoffte, sie könnte diese nervöse Leidenschaft für einen Mann, von dem man so wenig wusste, überwinden. Das endgültige Ergebnis war, dass Car'lines mannhafter und einfacher Verehrer Edward merkte, wie sein Werben im Grunde aussichtslos wurde. Er war ein ehrbarer

sounder position than Mop the nominal horse doctor; but when, before leaving her, Ned put his flat and final question, would she marry him, then and there, now or never, it was with little expectation of obtaining more than the negative she gave him. Though her father supported him and her sister supported him, he could not play the fiddle so as to draw your soul out of your body like a spider's thread, as Mop did, till you felt as limp as withy wind and yearned for something to cling to. Indeed, Hipcroft had not the slightest ear for music; could not sing two notes in tune, much less play them.

The No he had expected and got from her, in spite of a preliminary encouragement, gave Ned a new start in life. It had been uttered in such a tone of sad entreaty that he resolved to persecute her no more; she should not even be distressed by a sight of his form in the distant perspective of the street and lane. He left the place, and his natural course was to London.

The railway to South Wessex was in process of construction, but it was not as yet opened for traffic; and Hipcroft reached the capital by a six days' trudge on foot, as many a better man had done before him. He was one of the last of the artisan class who used that now extinct method of travel to the great centres of labour, so customary then from time immemorial.

In London he lived and worked regularly at his trade. More fortunate than many, his disinterested willingness recommended him from the first. During the ensuing four years he was never out of employment. He neither advanced nor receded in the modern sense; he improved as a workman, but he did not shift one jot in social position. About his love

Mechaniker, in einer weitaus gefestigteren Stellung als Mopp, der angebliche Pferdedoktor; doch als Ned, ehe er sie verließ, seine entschiedene und abschließende Frage stellte, ob sie ihn heiraten wolle, auf der Stelle, jetzt oder nie, erwartete er kaum noch, mehr zu erlangen als die ablehnende Antwort, die sie ihm gab. Obschon ihr Vater und ihre Schwester ihn unterstützten – er konnte nicht, wie Mopp, die Fiedel spielen und einem die Seele wie ein Spinnengewebe aus dem Leib ziehen wie Mopp, bis man sich biegsam wie eine Waldrebe vorkam und sich nach etwas zum Anklammern sehnte. In der Tat hatte Hipcroft überhaupt kein Ohr für Musik, konnte keine zwei Noten richtig singen, geschweige denn spielen.

Das Nein, das er, trotz einer vorausgehenden Ermutigung, von ihr erwartet und bekommen hatte, bewirkte für Ned einen Neuanfang. Es war in einem Ton von so traurigem Flehen vorgebracht worden, dass er beschloss, nicht weiter in sie zu dringen; sie sollte nicht einmal dadurch gequält werden, dass sie seine Gestalt von fern auf der Straße oder Gasse erblickte. Er verließ den Ort, und der selbstverständliche Weg für ihn war der nach London.

Die Eisenbahn nach Süd-Wessex war gerade im Bau, aber für den Verkehr noch nicht eröffnet; und Hipcroft erreichte die Hauptstadt, wie so mancher bessere Mann vor ihm, nach einem mühseligen sechstägigen Fußmarsch. Er war einer der letzten Handwerker, der von dieser seit urdenklichen Zeiten üblichen und jetzt ausgestorbenen Art des Reisens in die großen Ballungsgebiete der Arbeit Gebrauch machte.

In London wohnte er und arbeitete regelmäßig in seinem Beruf. Mehr vom Glück begünstigt als viele, empfahl ihn seine uneigennützige zupackende Art von Anfang an. Während der folgenden vier Jahre war er nie arbeitslos. Nach neumodischem Verständnis stieg er weder auf noch fiel er ab; er verbesserte sich als Arbeiter, veränderte sich aber um keinen Deut in seiner gesellschaftlichen Stellung. Über seine Liebe

for Car'line he maintained a rigid silence. No doubt he often thought of her; but being always occupied, and having no relations at Stickleford, he held no communication with that part of the country, and showed no desire to return. In his quiet lodging in Lambeth he moved about after working-hours with the facility of a woman, doing his own cooking, attending to his stocking-heels, and shaping himself by degrees to a lifelong bachelorhood. For this conduct one is bound to advance the canonical reason that time could not efface from his heart the image of little Car'line Aspent – and it may be in part true; but there was also the inference that his was a nature not greatly dependent upon the ministrations of the other sex for its comforts.

The fourth year of his residence as a mechanic in London was the year of the Hyde Park exhibition already mentioned, and at the construction of this huge glass-house, then unexampled in the world's history, he worked daily. It was an era of great hope and activity among the nations and industries. Though Hipcroft was, in his small way, a central man in the movement, he plodded on with his usual outward placidity. Yet for him, too, the year was destined to have its surprises, for when the bustle of getting the building ready for the opening day was past, the ceremonies had been witnessed, and people were flocking thither from all parts of the globe, he received a letter from Car'line. Till that day the silence of four years between himself and Stickleford had never been broken.

She informed her old lover, in an uncertain penmanship which suggested a trembling hand, of the trouble she had been put to in ascertaining his address, and then broached the subject which had prompted her to

zu Car'line wahrte er strenges Schweigen. Zweifellos dachte er oft an sie; da er aber stets beschäftigt war und keine Angehörigen in Stickleford hatte, unterhielt er keine Verbindung zu jenem Teil des Landes und zeigte kein Verlangen zurückzukehren. In seiner ruhigen Wohnung in Lambeth bewegte er sich nach der Arbeitszeit mit der Geschicklichkeit einer Frau; er kochte für sich, stopfte die Fersen seiner Strümpfe und richtete sich allmählich auf ein lebenslanges Junggesellen-Dasein ein. Für dieses Verhalten muss man den allgemein anerkannten Grund nennen, dass die Zeit aus seinem Herzen nicht das Bild der kleinen Car'line Aspent auslöschen konnte – und das kann teilweise stimmen; doch man konnte auch vermuten, dass er eine Natur hatte, die, um sich wohlzufühlen, nicht sonderlich von den Handreichungen des anderen Geschlechts abhängig war.

Das vierte Jahr, in dem er als Handwerker in London wohnte, war das Jahr der schon erwähnten Ausstellung im Hyde Park, und am Bau dieses riesigen Glashauses, das damals in der Weltgeschichte nicht seinesgleichen hatte, arbeitete er jeden Tag. Es war eine Zeit großer Hoffnung und Betriebsamkeit unter den Nationen und Handwerkszweigen. Obschon Hipcroft, auf seine bescheidene Art, im Zentrum dieses Geschehens zu tun hatte, schuftete er mit seiner gewohnten sichtbaren Gelassenheit vor sich hin. Doch auch für ihn sollte das Jahr seine Überraschungen haben, denn als die Emsigkeit, um den Bau zum Eröffnungstag fertigzustellen, vorüber und er Zeuge der Feierlichkeiten geworden war, und als Leute aus allen Teilen der Erde hierherströmten, erhielt er einen Brief von Car'line. Bis zu diesem Tag war das vier Jahre währende Schweigen zwischen ihm und Stickleford niemals gebrochen worden.

Sie benachrichtigte ihren alten Verehrer, in unsicherer Schreibweise, die eine zitternde Hand verriet, von der Mühe, die sie gehabt habe, seine Anschrift ausfindig zu machen und schnitt dann das Thema an, das sie zum Schreiben veranlasst

write. Four years ago, she said with the greatest delicacy of which she was capable, she had been so foolish as to refuse him. Her wilful wrong-headedness had since been a grief to her many times, and of late particularly. As for Mr Ollamoor, he had been absent almost as long as Ned – she did not know where. She would gladly marry Ned now if he were to ask her again, and be a tender little wife to him till her life's end.

A tide of warm feeling must have surged through Ned Hipcroft's frame on receipt of this news, if we may judge by the issue. Unquestionably he loved her still, even if not to the exclusion of every other happiness. This from his Car'line, she who had been dead to him these many years, alive to him again as of old, was in itself a pleasant, gratifying thing. Ned had grown so resigned to, or satisfied with, his lonely lot that he probably would not have shown much jubilation at anything. Still, a certain ardour of preoccupation, after his first surprise, revealed how deeply her confession of faith in him had stirred him. Measured and methodical in his ways, he did not answer the letter that day, nor the next, nor the next. He was having "a good think". When he did answer it, there was a great deal of sound reasoning mixed in with the unmistakable tenderness of his reply; but the tenderness itself was sufficient to reveal that he was pleased with her straightforward frankness; that the anchorage she had once obtained in his heart was renewable, if it had not been continuously firm.

He told her – and as he wrote his lips twitched humorously over the few gentle words of raillery he indited among the rest of his sentences – that it was all very well for her to come round at this time of

hatte. Vor vier Jahren, sagte sie mit dem größten Zartgefühl, das sie aufbringen konnte, sei sie so töricht gewesen, ihm einen Korb zu geben. Ihre entschiedene Starrköpfigkeit habe ihr seither oftmals, und in letzter Zeit im Besonderen, Kummer bereitet. Was Mr Ollamoor betrifft, sei der fast ebenso lang weg wie Ned – sie wisse nicht, wo. Sie würde Ned jetzt mit Freuden heiraten, wenn er sie wieder fragte, und ihm bis zu ihrem Lebensende eine zärtliche Frau sein.

Ein Strom von Wärme muss, wenn wir vom Ergebnis her schließen dürfen, durch Ned Hipcrofts Körper gebraust sein, als er diese Nachricht erhielt. Zweifellos liebte er sie noch, was freilich nicht jede andere Form des Glücklichseins ausschloss. *Das* von seiner Car'line, die für ihn so viele Jahre lang tot gewesen und jetzt wieder lebendig war wie ehedem – das war allein schon etwas Erfreuliches und Angenehmes. Ned hatte sich mit dem Los seiner Einsamkeit so abgefunden oder er war so zufrieden damit, dass er wahrscheinlich über nichts großen Jubel gezeigt hätte. Dennoch verriet eine gewisse heftige Befangenheit nach seiner ersten Überraschung, wie tief das Eingeständnis ihres Vertrauens zu ihm ihn aufgewühlt hatte. Wohlüberlegt und planvoll, wie er war, beantwortete er den Brief weder an diesem Tag noch am nächsten, auch nicht am übernächsten. Er dachte gründlich darüber nach. Als er ihn dann beantwortete, war in die unverkennbare Zärtlichkeit seiner Erwiderung viel vernünftige Überlegung hineingemengt; doch die Zärtlichkeit war ausreichend, um zu verraten, dass ihm ihre rückhaltlose Offenheit gefiel; dass der Ankerplatz, den sie einst in seinem Herzen erhalten hatte, erneuert werden konnte, wenn er schon nicht die ganze Zeit über sicher gewesen war.

Er sagte ihr – und während er schrieb, zuckte er humorvoll mit den Lippen über die wenigen milden Spottworte, die er unter seine übrigen Sätze einfließen ließ –, dass alles ganz in Ordnung sei, wenn sie so spät einlenke. Warum wollte sie

day. Why wouldn't she have him when he wanted her? She had no doubt learned that he was not married, but suppose his affections had since been fixed on another? She ought to beg his pardon. Still, he was not the man to forget her. But considering how he had been used, and what he had suffered, she could not quite expect him to go down to Stickleford and fetch her. But if she would come to him, and say she was sorry, as was only fair; why, yes, he would marry her, knowing what a good little woman she was at the core. He added that the request for her to come to him was a less one to make than it would have been when he first left Stickleford, or even a few months ago; for the new railway into South Wessex was now open, and there had just begun to be run wonderfully contrived special trains, called excursion-trains, on account of the Great Exhibition; so that she could come up easily alone.

She said in her reply how good it was of him to treat her so generously after her hot-and-cold treatment of him; that though she felt frightened at the magnitude of the journey, and was never as yet in a railway-train, having only seen one pass at a distance, she embraced his offer with all her heart; and would, indeed, own to him how sorry she was, and beg his pardon, and try to be a good wife always, and make up for lost time.

The remaining details of when and where were soon settled, Car'line informing him, for her ready identification in the crowd, that she would be wearing "my new sprigged-laylock cotton gown", and Ned gaily responding that, having married her the morning after her arrival, he would make a day of it by taking her to

ihn nicht haben, als er sie wollte? Sie habe wahrscheinlich erfahren, dass er nicht verheiratet sei, doch angenommen, seine Liebe hätte sich seither einer anderen zugewandt? Eigentlich sollte sie ihn um Verzeihung bitten. Trotzdem sei er nicht der Mann, der sie vergessen habe. Aber in Anbetracht dessen, wie mit ihm umgesprungen worden war und was er erlitten hatte, konnte sie wirklich nicht erwarten, dass er nach Stickleford fahre und sie abhole. Falls sie aber zu ihm kommen und sagen wolle, dass sie alles bedaure, wie es nur recht und billig sei, nun ja, dann würde er sie heiraten, da er wisse, was für eine gute kleine Frau sie im Innersten sei. Er fügte hinzu, dass die Aufforderung, zu ihm zu kommen, mit geringerem Aufwand verbunden sei, als es dies zur Zeit seines Abschieds von Stickleford oder selbst noch vor ein paar Monaten gewesen wäre; denn jetzt sei die neue Eisenbahn nach Süd-Wessex eröffnet, und es verkehrten wegen der Großen Ausstellung wunderbar eingerichtete Sonderzüge, sogenannte Ausflugszüge, so dass sie also leicht allein herkommen könne.

In ihrer Antwort sagte sie, wie gut es von ihm sei, ihr gegenüber so großmütig zu sein, nachdem sie ihm ihre Heiß-Kalt-Behandlung zugemutet hatte; dass sie zwar Angst habe vor der großen Reise und bislang noch nie in einem Eisenbahnzug gewesen sei, nur aus einer gewissen Entfernung einen habe vorbeifahren sehen, dass sie aber Neds Angebot von ganzem Herzen annehme und ihm gestehen werde, wie leid es ihr tue; dass sie ihn um Verzeihung bitten und versuchen werde, ihm stets eine gute Frau zu sein und verlorene Zeit wieder wettzumachen.

Die übrigen Einzelheiten des Wann und Wo waren bald geregelt; Car'line schrieb, dass sie, um in der Menge gleich erkannt zu werden, «mein neues lilageblümtes Baumwollkleid» tragen werde, und Ned antwortete vergnügt, er werde sie am Morgen nach der Ankunft heiraten und den Tag feiern, indem er sie auf die Ausstellung führe. An einem frühen Sommer-

the Exhibition. One early summer afternoon, accordingly, he came from his place of work, and hastened towards Waterloo Station to meet her. It was as wet and chilly as an English June day can occasionally be, but as he waited on the platform in the drizzle he glowed inwardly, and seemed to have something to live for again.

The "excursion-train" – an absolutely new departure in the history of travel – was still a novelty on the Wessex line, and probably everywhere. Crowds of people had flocked to all the stations on the way up to witness the unwonted sight of so long a train's passage, even where they did not take advantage of the opportunity it offered. The seats for the humbler class of travellers in these early experiments in steam-locomotion were open trucks, without any protection whatever from the wind and rain; and damp weather having set in with the afternoon, the unfortunate occupants of these vehicles were, on the train drawing up at the London terminus, found to be in a pitiable condition from their long journey; blue-faced, stiff-necked, sneezing, rain-beaten, chilled to the marrow, many of the men being hatless; in fact, they resembled people who had been out all night in an open boat on a rough sea, rather than inland excursionists for pleasure. The women had in some degree protected themselves by turning up the skirts of their gowns over their heads, but as by this arrangement they were additionally exposed about the hips, they were all more or less in a sorry plight.

In the bustle and crush of alighting forms of both sexes which followed the entry of the huge concatenation into the station, Ned Hipcroft soon discerned the slim little figure his eye was in search of, in the sprigged lilac, as described. She came up to him with

nachmittag kam er also von seiner Arbeit und eilte zum Waterloo-Bahnhof, um sie abzuholen. Es war so nasskalt, wie ein Junitag in England gelegentlich sein kann, doch während er im Nieselregen auf dem Bahnsteig wartete, glühte er innerlich und schien etwas zu haben, wofür es sich wieder zu leben lohnte.

Der «Ausflugszug» – ein völlig neues Kapitel in der Geschichte des Reisens – war auf der Wessex-Linie, und wahrscheinlich überall, noch eine Neuheit. Menschenmassen waren unterwegs zu allen Bahnhöfen geströmt, um bei dem ungewohnten Anblick zugegen zu sein, wenn ein so langer Zug vorüberfuhr, selbst wo sie nicht die gebotene Gelegenheit nutzten. Die Sitze für die einfachere Klasse von Reisenden boten bei diesen frühen Versuchen der Dampfzugfahrt in offenen Wagen keinerlei Schutz vor Wind und Regen; und da mit dem Nachmittag feuchtes Wetter eingesetzt hatte, befanden sich die beklagenswerten Insassen dieser Wagen, als der Zug in die Londoner Endstation einfuhr, aufgrund ihrer langen Reise in einem beklagenswerten Zustand: mit blauen Gesichtern, steifen Nacken, niesend, vom Regen gepeitscht, bis ins Mark durchgefroren, viele Männer ohne Hut; in der Tat ähnelten sie eher Leuten, die die ganze Nacht in einem Boot auf rauer See draußen gewesen, als Binnenlandausflüglern, die zum Vergnügen unterwegs waren. Die Frauen hatten sich bis zu einem gewissen Grad dadurch geschützt, dass sie die Röcke ihrer Kleider über den Kopf hochstülpten, doch weil sie dadurch um die Hüften herum zusätzlich dem Wetter ausgeliefert blieben, waren sie alle mehr oder weniger in einer traurigen Verfassung.

In dem Trubel und Gedränge aussteigender Gestalten beiderlei Geschlechts, das der Einfahrt der riesigen Wagenkette in den Bahnhof folgte, machte Ned Hipcroft bald die schlanke kleine Gestalt ausfindig, nach der sein Auge suchte, in dem Lilageblümten, wie beschrieben. Sie kam mit einem verängs-

a frightened smile – still pretty, though so damp, weather-beaten, and shivering from long exposure to the wind.

"O Ned!" she sputtered, "I – I –" He clasped her in his arms and kissed her, whereupon she burst into a flood of tears.

"You are wet, my poor dear! I hope you'll not get cold," he said. And surveying her and her multifarious surrounding packages, he noticed that by the hand she led a toddling child – a little girl of three or so – whose hood was as clammy, and tender face as blue, as those of the other travellers.

"Who is this – somebody you know?" asked Ned curiously.

"Yes, Ned. She's mine."

"Yours?"

"Yes – my own."

"Your own child?"

"Yes!"

"But who's the father?"

"The young man I had after you courted me."

"Well – as God's in –"

"Ned, I didn't name it in my letter, because, you see, it would have been so hard to explain! I thought that when we met I could tell you how she happened to be born, so much better than in writing! I hope you'll excuse it this once, dear Ned, and not scold me, now I've come so many, many miles!"

"This means Mr Mop Ollamoor, I reckon!" said Hipcroft, gazing palely at them from the distance of the yard or two to which he had withdrawn with a start.

tigten Lächeln auf ihn zu – noch immer hübsch, wenngleich ganz nass, vom Wetter zerzaust und zitternd, weil sie so lange dem Wind ausgesetzt gewesen war.

«O Ned!», sprudelte sie heraus, «ich – ich –» Er nahm sie in die Arme und küsste sie, woraufhin sie in eine Flut von Tränen ausbrach.

«Du bist nass, meine arme Liebe! Hoffentlich wirst du dich nicht erkälten», sagte er. Und als er sie und ihre mannigfaltigen Gepäckstücke um sie herum in Augenschein nahm, bemerkte er, dass sie an der Hand einen Winzling führte – ein etwa dreijähriges Mädchen –, dessen Kapuze genauso feuchtkalt und dessen zartes Gesicht ebenso blau war wie die Kopfbedeckung und Gesichter der anderen Reisenden.

«Wer ist das – jemand, den du kennst?», fragte Ned neugierig.

«Ja, Ned. Sie ist mein Kind.»

«Deines?»

«Ja, mein eigenes.»

«Dein eigenes Kind?»

«Ja!»

«Wer ist denn der Vater?»

«Der, den ich hatte, nachdem du mich verehrt hast.»

«Nun – so wahr Gott im ...»

«Ned, ich habe es in meinem Brief nicht erwähnt, weil, verstehst du, es so schwer zu erklären gewesen wäre. Ich dachte, dass ich dir, wenn wir uns träfen, so viel leichter als schriftlich erzählen könnte, wie es geschah, dass sie geboren wurde. Hoffentlich wirst du es diesmal entschuldigen, lieber Ned, und mich nicht ausschimpfen, jetzt, wo ich so viele, viele Meilen gereist bin!»

«Das heißt Mr Mopp Ollamoor, nehme ich an», sagte Hipcroft und starrte bleich auf die beiden aus einer Entfernung von ein bis zwei Metern, auf die er sich mit einem Ruck zurückgezogen hatte.

Car'line gasped. "But he's been gone away for years!" she supplicated. "And I never had a young man before! And I was so unlucky to be catched the first time he took advantage o' me, though some of the girls down there go on like anything!"

Ned remained in silence, pondering.

"You'll forgive me, dear Ned?" she added, beginning to sob outright. "I haven't taken 'ee in after all, because – because you can pack us back again, if you want to; though 'tis hundreds o' miles, and so wet, and night a-coming on, and I with no money!"

"What the devil can I do!" Hipcroft groaned.

A more pitiable picture than the pair of helpless creatures presented was never seen on a rainy day, as they stood on the great, gaunt, puddled platform, a whiff of drizzle blowing under the roof upon them now and then; the pretty attire in which they had started from Stickleford in the early morning bemudded and sodden, weariness on their faces, and fear of him in their eyes; for the child began to look as if she thought she too had done some wrong, remaining in an appalled silence till the tears rolled down her chubby cheeks.

"What's the matter, my little maid?" said Ned mechanically.

"I do want to go home!" she let out, in tones that told of a bursting heart. "And my totties be cold, an' I shan't have no bread an' butter no more!"

"I don't know what to say to it all!" declared Ned, his own eye moist as he turned and walked a few steps with his head down; then regarded them again point-blank. From the child escaped troubled breaths and silently welling tears.

Car'line rang nach Luft. «Er ist doch seit Jahren fort!», flehte sie. «Und ich hatte nie zuvor einen jungen Mann gehabt. Und ich hatte das Pech, gleich beim ersten Mal, da er mich ausnutzte, hängenzubleiben, während einige der Mädchen dort bei uns sich wie verrückt aufführen!»

Ned blieb schweigsam und grübelte.

«Wirst du mir verzeihen, lieber Ned?», fügte sie hinzu und begann loszuheulen. «Ich habe dich schließlich nicht hereingelegt, weil – weil du uns, wenn du willst, wieder zurückschicken kannst; obwohl das Hunderte von Meilen sind, und es so nass ist, wo jetzt die Nacht hereinbricht, und ich kein Geld habe!»

«Was zum Teufel kann ich tun?», knurrte Hipcroft.

Nie hat man an einem regnerischen Tag ein kläglicheres Bild gesehen, als es die zwei hilflosen Geschöpfe darstellten, wie sie da auf dem großen, öden, pfützennassen Bahnsteig standen, und dann und wann ein Schwall Sprühregen unter dem Dach auf die beiden herabwehte; die hübsche Aufmachung, in der sie am frühen Morgen in Stickleford aufgebrochen waren, beschmutzt und durchnässt, Müdigkeit in den Gesichtern, Angst vor ihm in den Augen; das Kind begann dreinzuschauen, als dächte es, es habe auch etwas Unrechtes getan, und verharrte in einem entsetzten Schweigen, bis die Tränen über seine Pausbacken rollten.

«Was ist denn, mein kleines Fräulein?», fragte Ned unwillkürlich.

«Ich will wieder nach Hause!», entschlüpfte es ihr, in einem Ton, der ein gebrochenes Herz verriet. «Und meine Pfoten sind kalt und ich werde kein Butterbrot mehr bekommen.»

«Ich weiß nicht, was ich zu alledem sagen soll», erklärte Ned; er bekam selber feuchte Augen, als er sich umdrehte und ein paar Schritte gesenkten Hauptes ging; dann sah er die beiden wieder unbefangen an. Dem Kind entrangen sich kummervolle Atemzüge und still fließende Tränen.

"Want some bread and butter, do 'ee?" he said, with factitious hardness.

"Ye-e-s!"

"Well, I dare say I can get 'ee a bit! Naturally, you must want some. And you, too, for that matter, Car'line."

"I do feel a little hungered. But I can keep it off," she murmured.

"Folk shouldn't do that," he said gruffly. ... "There, come along!" He caught up the child, as he added, "You must bide here tonight, anyhow, I s'pose! What can you do otherwise? I'll get 'ee some tea and victuals; and as for this job, I'm sure I don't know what to say! This is the way out."

They pursued their way, without speaking, to Ned's lodgings, which were not far off. There he dried them and made them comfortable, and prepared tea; they thankfully sat down. The ready-made household of which he suddenly found himself the head imparted a cosy aspect to his room, and a paternal one to himself. Presently he turned to the child and kissed her now blooming cheeks; and, looking wistfully at Car'line, kissed her also.

"I don't see how I can send you back all them miles," he growled, "now you've come all the way o' purpose to join me. But you must trust me, Car'line, and show you've real faith in me. Well, do you feel better now, my little woman?"

The child nodded beamingly, her mouth being otherwise occupied.

"I did trust you, Ned, in coming; and I shall always!"

Thus, without any definite agreement to forgive

«Willst du ein Butterbrot, ja?», sagte er mit gespielter Härte.

«Ja-a!»

«Nun, ich glaube schon, dass ich dir eines besorgen kann. Natürlich musst du eines wollen. Und du übrigens auch, Car'line.»

«Ich habe tatsächlich ein bisschen Hunger. Doch ich kann ihn unterdrücken», murmelte sie.

«Das sollte man nicht tun», sagte er mürrisch … «Da, kommt mit!» Er nahm das Kind, während er hinzufügte: «Jedenfalls müsst ihr vermutlich ja heute Nacht hierbleiben. Was könnt ihr sonst tun? Ich besorge euch Tee und etwas zu essen, und was diese Sache betrifft, weiß ich gar nicht, was ich sagen soll. Das ist erst einmal die Lösung.»

Ohne zu sprechen, setzten sie ihren Weg zu Neds Wohnung fort, die nicht weit entfernt war. Dort trocknete er sie ab und sorgte dafür, dass sie sich behaglich fühlten; er machte Tee und dankbar nahmen sie Platz. Der vollständige Haushalt, als dessen Oberhaupt er sich auf einmal erkannte, verlieh seinem Zimmer ein gemütliches Aussehen und ihm selbst das eines Hausvaters. Dann wandte er sich dem Kind zu und küsste seine nun blühenden Wangen; und als er sehnsuchtsvoll Car'line ansah, küsste er sie auch.

«Ich kann mir nicht vorstellen, wie ich euch diese vielen Meilen zurückschicken kann», brummte er, «jetzt, wo ihr eigens den ganzen Weg zurückgelegt habt, um zu mir zu ziehen. Doch du musst an mich glauben, Car'line, und zeigen, dass du wirklich Vertrauen zu mir hast. Nun, fühlst du dich jetzt besser, kleines Fräulein?»

Das Kind nickte strahlend, während sein Mund anderweitig beschäftigt war.

«Damit, dass ich kam, habe ich mich wirklich auf dich verlassen, Ned, und ich werde es immer tun.»

So fügte er sich denn ohne irgendwelche endgültige Zu-

her, he tacitly acquiesced in the fate that Heaven had sent him; and on the day of their marriage (which was not quite so soon as he had expected it could be, on account of the time necessary for banns) he took her to the Exhibition when they came back from church, as he had promised. While standing near a large mirror in one of the courts devoted to furniture, Car'line started, for in the glass appeared the reflection of a form exactly resembling Mop Ollamoor's – so exactly, that it seemed impossible to believe anybody but that artist in person to be the original. On passing round the objects which hemmed in Ned, her, and the child from a direct view, no Mop was to be seen. Whether he were really in London or not at that time was never known; and Car'line always stoutly denied that her readiness to go and meet Ned in town arose from any rumour that Mop had also gone thither; which denial there was no reasonable ground for doubting.

And then the year glided away, and the Exhibition folded itself up and became a thing of the past. The park trees that had been enclosed for six months were again exposed to the winds and storms, and the sod grew green anew. Ned found that Car'line resolved herself into a very good wife and companion, though she had made herself what is called cheap to him; but in that she was like another domestic article, a cheap teapot, which often brews better tea than a dear one. One autumn Hipcroft found himself with but little work to do, and a prospect of less for the winter. Both being country born and bred, they fancied they would like to live again in their natural atmosphere. It was accordingly decided between them that they should leave the pent-up London lodging, and that Ned should seek out employment near his native place, his

stimmung, ihr zu verzeihen, in das Schicksal, das ihm der Himmel gesandt hatte; und am Tag ihrer Hochzeit (die wegen der für das Aufgebot notwendigen Zeit nicht ganz so nahe war, wie er erhofft hatte) nahm er Car'line, wie versprochen, mit in die Ausstellung, als sie aus der Kirche kamen. Während sie in einem der Höfe, in denen Möbel zu sehen waren, in der Nähe eines großen Spiegels standen, fuhr sie zusammen, denn in dem Spiegel tauchte das Bild einer Gestalt auf, die genau wie Mopp Ollamoor aussah – so genau, dass man unmöglich glauben konnte, jemand anderes als der Künstler persönlich sei das Original. Als sie um die Gegenstände herumgingen, die Ned, sie und das Kind umgaben und von einer unmittelbaren Betrachtung abhielten, war kein Mopp zu sehen. Es wurde nie bekannt, ob er zu der Zeit tatsächlich in London war oder nicht; Car'line bestritt immer entschieden, dass ihre Bereitschaft, Ned in der Stadt aufzusuchen, von einem Gerücht herrührte, auch Mopp sei dort. Es gab keinen vernünftigen Grund, ihre Aussage anzuzweifeln.

Und dann ging das Jahr vorüber, die Messe schloss ihre Pforten und wurde ein Ereignis der Vergangenheit. Die Bäume des Parks, die ein halbes Jahr lang durch das Glas um sie herum geschützt gewesen waren, wurden wieder den Winden und Stürmen ausgesetzt, und die Grasnarbe ergrünte von neuem. Ned fand, dass Car'line sich zu einer sehr guten Frau und Gefährtin entwickelte, obgleich sie sich, wie man sagt, für ihn «billig» gemacht hatte; doch insofern war sie wie ein anderer häuslicher Gegenstand, eine billige Teekanne, die oft besseren Tee braut als eine teure. Es kam ein Herbst, in dem Hipcroft merkte, dass er nur wenig Arbeitsaufträge und für den Winter noch weniger in Aussicht hatte. Da beide auf dem Land geboren und aufgewachsen waren, malten sie sich aus, dass sie gern wieder in ihrer natürlichen Umgebung leben würden. Es wurde also gemeinschaftlich beschlossen, die enge Londoner Wohnung aufzugeben; Ned sollte sich in der Nähe

wife and her daughter staying with Car'line's father during the search for occupation and an abode of their own.

Tinglings of pride pervaded Car'line's spasmodic little frame as she journeyed down with Ned to the place she had left two or three years before, in silence and under a cloud. To return to where she had once been despised, a smiling London wife with a distinct London accent, was a triumph which the world did not witness every day.

The train did not stop at the petty roadside station that lay nearest to Stickleford, and the trio went on to Casterbridge. Ned thought it a good opportunity to make a few preliminary inquiries for employment at workshops in the borough where he had been known; and feeling cold from her journey, and it being dry underfoot and only dusk as yet, with a moon on the point of rising, Car'line and her little girl walked on towards Stickleford, leaving Ned to follow at a quicker pace, and pick her up at a certain half-way house, widely known as an inn.

The woman and child pursued the well-remembered way comfortably enough, though they (…) were both becoming wearied. In the course of three miles they were drawing near the Quiet Woman, a lone roadside hostel. (…) In stepping up towards it Car'line heard more voices within than had formerly been customary at such an hour, and she learned that an auction of fat stock had been held near the spot that afternoon. The child would be the better for a rest as well as herself, she thought, and she entered.

The guests and customers overflowed into the passage, and Car'line had no sooner crossed the thresh-

seines Geburtsortes Arbeit suchen; seine Frau und ihre Tochter würden während der Suche nach Arbeit und eigener Bleibe bei Car'lines Vater wohnen.

Prickelnde Anwandlungen von Stolz erfüllten Car'lines erregbaren kleinen Körper, als sie mit Ned zu dem Ort reiste, den sie zwei oder drei Jahre zuvor schweigend und unter einem Unstern verlassen hatte. Dahin zurückzukehren, wo sie einst verachtet worden war, eine lächelnde Londonerin mit deutlichem Londoner Akzent, war ein Sieg, den die Welt nicht jeden Tag erlebte.

Der Zug hielt nicht in dem kleinen Bahnhof an der Landstraße, der Stickleford am nächsten lag, und das Trio fuhr weiter nach Casterbridge. Ned hielt es für eine gute Gelegenheit, einige vorbereitende Erkundigungen nach Arbeit in Werkstätten des Bezirks, in dem man ihn gekannt hatte, einzuholen; und weil Car'line nach der Reise fror, der Boden unter ihren Füßen trocken war, weil bis jetzt erst Dämmerung herrschte und der Mond im Aufgehen war, begab sie sich mit ihrer Kleinen weiter in Richtung Stickleford. Sie überließ es Ned, rascheren Schritts zu folgen und sie auf halbem Weg an einem bestimmten Haus abzuholen, das weit und breit als Wirtshaus bekannt war.

Die Frau und das Kind zogen recht gemütlich auf dem Weg dahin, der ihnen gut in Erinnerung war, wenn sie auch beide müde wurden. Nach einer Strecke von drei Meilen näherten sie sich der «Ruhigen Frau», einer einsamen Herberge an der Landstraße. Als Car'line die Haustreppe hinaufstieg, hörte sie drinnen mehr Stimmen, als es früher zu solcher Stunde üblich war. Sie erfuhr, dass an jenem Nachmittag eine Versteigerung von Schlachtvieh in der Nähe des Ortes stattgefunden habe. Dem Kind würde, wie ihr selber auch, eine Ruhepause guttun, dachte sie und trat ein.

Die Gäste und Kunden strömten in den Gang, und kaum hatte Car'line die Schwelle überschritten, als ein Mann, an

old than a man whom she remembered by sight came forward with a glass and mug in his hands towards a friend leaning against the wall; but, seeing her, very gallantry offered her a drink of the liquor, which was gin-and-beer hot, pouring her out a tumblerful and saying, in a moment or two: "Surely, 'tis little Car'line Aspent that was – down at Stickleford?"

She assented, and, though she did not exactly want this beverage, she drank it since it was offered, and her entertainer begged her to come in further and sit down. Once within the room she found that all the persons present were seated close against the walls, and there being a chair vacant she did the same. An explanation of their position occurred the next moment. In the opposite corner stood Mop, rosining his bow and looking just the same as ever. The company had cleared the middle of the room for dancing, and they were about to dance again. As she wore a veil to keep off the wind she did not think he had recognized her, or could possibly guess the identity of the child; and to her satisfied surprise she found that she could confront him quite calmly – mistress of herself in the dignity her London life had given her. Before she had quite emptied her glass the dance was called, the dancers formed in two lines, the music sounded, and the figure began.

Then matters changed for Car'line. A tremor quickened itself to life in her, and her hand so shook that she could hardly set down her glass. It was not the dance nor the dancers, but the notes of that old violin which thrilled the London wife, these having still all the witchery that she had so well known of yore, and under which she had used to lose her power of independent will. How it all came back!

den sie sich vom Sehen her erinnerte, mit einem Glas und einem Bierkrug in den Händen vortrat und auf einen an der Wand lehnenden Freund zuging; doch als er sie sah, bot er ihr freundlich einen Schluck von dem Getränk an, das heißer Wacholderschnaps mit Bier war, goss ihr einen Becher voll ein und sagte gleich: «Das ist doch bestimmt die kleine Car'line Aspent, die – in Stickleford unten gewohnt hat?»

Sie bestätigte es, und obschon sie dieses Getränk eigentlich nicht mochte, trank sie es, da es ihr angeboten wurde, und ihr Gastgeber bat sie, weiter hereinzukommen und Platz zu nehmen. Sobald sie einmal in dem Raum war, stellte sie fest, dass alle Anwesenden dicht an den Wänden saßen, und da gerade ein Stuhl frei war, tat sie es ihnen gleich. Eine Erklärung der Anordnung erfolgte im nächsten Augenblick. In der Ecke gegenüber stand Mopp, bestrich seinen Violinbogen mit Kolophonium und blickte drein wie eh und je. Die Gesellschaft hatte die Mitte des Raumes zum Tanzen frei gemacht und wollte wieder tanzen. Da Car'line einen Schleier trug, um den Wind abzufangen, glaubte sie nicht, dass Mopp sie erkannt hatte oder dass er möglicherweise erraten könnte, wer das Kind sei; und zu ihrer Überraschung und Befriedigung merkte sie, dass sie ihm ganz ruhig gegenübertreten konnte – als Herrin ihrer selbst mit der Würde, die das Leben in London ihr gegeben hatte. Ehe sie ihr Glas ganz geleert hatte, wurde der Tanz ausgerufen, die Tänzer stellten sich in zwei Reihen auf, die Musik erklang und der Tanz begann.

Dann änderten sich die Dinge für Car'line. Sie wurde von einem lebhaften Zittern erfasst, und ihre Hand zuckte derart, dass sie kaum ihr Glas abstellen konnte. Nicht der Tanz oder die Tänzer, sondern die Noten jener alten Fiedel erregten die Frau aus London, da diese noch immer die ganze Zauberkraft besaßen, die sie vorzeiten so gut gekannt und unter denen sie gewöhnlich die Kraft eines unabhängigen Willens verloren hatte. Wie das alles zurückkam! Da war die geigespielende

There was the fiddling figure against the wall; the large, oily, mop-like head of him, and beneath the mop the face with the closed eyes.

After the first moments of paralysed reverie the familiar tune in the familiar rendering made her laugh and shed tears simultaneously. Then a man at the bottom of the dance, whose partner had dropped away, stretched out his hand and beckoned to her to take the place. She did not want to dance; she entreated by signs to be left where she was, but she was entreating of the tune and its player rather than of the dancing man. The saltatory tendency which the fiddler and his cunning instrument had ever been able to start in her was seizing Car'line just as it had done in earlier years, possibly assisted by the gin-and-beer hot. Tired as she was she grasped her little girl by the hand and, plunging in at the bottom of the figure, whirled about with the rest. She found that her companions were mostly people of the neighbouring hamlets and farms (…); and by degrees she was recognized as she convulsively danced on, wishing that Mop would cease and let her heart rest from the aching he caused, and her feet also.

After long and many minutes the dance ended, when she was urged to fortify herself with more gin-and-beer; which she did, feeling very weak and overpowered with hysteric emotion. She refrained from unveiling, to keep Mop in ignorance of her presence, if possible. Several of the guests having left, Car'line hastily wiped her lips and also turned to go; but, according to the account of some who remained, at that very moment a five-handed reel was proposed, in which two or three begged her to join.

Gestalt an der Wand, ihr wuchtiger, fettiger, moppartiger Kopf, und unter dem Mopp das Gesicht mit den geschlossenen Augen.

Nach den ersten Augenblicken kraftloser Träumerei brachte die vertraute Weise in der vertrauten Wiedergabe sie dazu, gleichzeitig zu lachen und Tränen zu vergießen. Dann streckte ein Mann am untersten Ende des Tanzes, dessen Partnerin aufgehört hatte, die Hand nach ihr aus und forderte sie auf, die Stelle einzunehmen. Sie wollte nicht tanzen und bat flehentlich durch Zeichen, man möge sie lassen, wo sie war, doch sie flehte eher die Melodie und ihren Spieler an als den Tänzer. Der Hang zum Hüpfen, den der Geiger und sein hinterlistiges Instrument hatten immer in ihr auslösen können, erfasste Car'line genauso wie in früheren Jahren, möglicherweise unter Nachhilfe heißen Wacholderschnapses mit Bier. So müde sie auch war, packte sie doch ihre Kleine an der Hand, stürzte sich am unteren Ende in den Tanz und wirbelte mit den anderen herum. Sie merkte, dass ihre Gefährten meist Leute aus den benachbarten Weilern und Höfen waren; und allmählich, als sie wie von Krämpfen befallen weitertanzte, wurde sie erkannt. Sie wünschte sich, dass Mopp aufhöre und ihr Herz, ebenso wie ihre Füße, von dem Schmerz, den er ihr verursachte, zur Ruhe kommen lasse.

Nach vielen langen Minuten endete der Tanz; sie wurde gedrängt, sich mit mehr heißem Wacholderschnaps und Bier zu stärken, was sie auch tat, da sie sich sehr schwach und von heftiger Erregung überwältigt fühlte. Sie nahm den Schleier nicht ab, um, wenn möglich, Mopp über ihre Anwesenheit im Unklaren zu lassen. Nachdem mehrere der Gäste gegangen waren, wischte sich Car'line hastig die Lippen ab und wandte sich ebenfalls zum Gehen; doch nach dem Bericht einiger, die blieben, wurde just in diesem Augenblick ein fünfhändiger Reel ausgerufen, bei dem zwei oder drei sie baten, mitzumachen.

She declined on the plea of being tired and having to walk to Stickleford, when Mop began aggressively tweedling 'My Fancy-Lad', in D major, as the air to which the reel was to be footed. He must have recognized her, though she did not know it, for it was the strain of all seductive strains which she was least able to resist – the one he had played when she was leaning over the bridge at the date of their first acquaintance. Car'line stepped despairingly into the middle of the room with the other four.

(…) The tune was endless; and in about a quarter of an hour the only other woman in the figure dropped out exhausted, and sank panting on a bench. The reel instantly resolved itself into a four-handed one. (…) Another dancer fell out – one of the men – and went into the passage in a frantic search for liquor. To turn the figure into a three-handed reel was the work of a second. (…)

In a reel for three there was no rest whatever, and four or five minutes were enough to make her remaining two partners, now thoroughly blown, stamp their last bar, and, like their predecessors, limp off into the next room to get something to drink. Car'line, half-stifled inside her veil, was left dancing alone, the apartment now being empty of everybody save herself, Mop, and their little girl.

She flung up the veil, and cast her eyes upon him, as if imploring him to withdraw himself and his acoustic magnetism from the atmosphere. Mop opened one of his own orbs, as though for the first time, fixed it peeringly upon her, and, smiling dreamily, threw into his strains the reserve of expression which he could not afford to waste on a big and noisy dance. Crowds of little chromatic subtleties, capable of drawing tears from a statue, proceeded straightaway

Sie lehnte ab unter dem Vorwand, dass sie müde sei und noch nach Stickleford gehen müsse; da begann Mopp draufgängerisch ‹Mein Feinsliebchen› in D-Dur zu klimpern als Melodie, zu welcher der Reel getanzt werden sollte. Er muss sie erkannt haben, obschon sie es nicht wusste, denn von allen verführerischen Weisen war dies diejenige, der sie am wenigsten widerstehen konnte – diejenige, die er damals gespielt hatte, als sie am Tag ihrer ersten Bekanntschaft an der Brücke lehnte. Car'line schritt verzweifelt mit den anderen vier in die Mitte des Saales.

Die Melodie war endlos; nach etwa einer Viertelstunde fiel die einzige andere Frau im Tanz erschöpft aus und sank keuchend auf eine Bank. Der Reel löste sich sofort in einen vierhändigen auf. Ein weiterer Tänzer fiel aus – diesmal einer der Männer –, der sich in den Gang begab und ungestüm etwas zu trinken suchte. Den Tanz in einen dreihändigen Reel zu verwandeln, war das Werk einer Sekunde.

In einem Reel für drei gab es überhaupt keine Pause, und vier bis fünf Minuten genügten, um Carolines verbleibende zwei Partner, die jetzt völlig erschöpft waren, dazu zu bringen, ihren letzten Takt zu stampfen, und, wie ihre Vorgänger, in den Raum nebenan zu hinken, um etwas zu trinken zu bekommen. Car'line, unter ihrem Schleier halb erstickt, wurde beim Tanz allein gelassen, da der Raum nun leer war bis auf sie selbst, Mopp und ihrer beider kleine Tochter.

Sie warf den Schleier nach oben und richtete ihre Blicke auf ihn, als flehe sie ihn an, sich und seine akustische Anziehungskraft aus der Umgebung zurückzuziehen. Mopp öffnete, als wäre es zum ersten Mal, eines seiner Augen, richtete es spähend auf sie und warf, verträumt lächelnd, in seine Melodien den Vorrat an Ausdruck, den an einen großen, lärmenden Tanz zu verschwenden er sich nicht leisten konnte. Unmengen von kleinen modulierenden Feinheiten, die in der Lage wären, einem Standbild Tränen zu entlocken,

from the ancient fiddle, as if it were dying of the emotion which had been pent up within it ever since its banishment from some Italian or German city where it first took shape and sound. There was that in the look of Mop's one dark eye which said: "You cannot leave off, dear, whether you would or no!" and it bred in her a paroxysm of desperation that defied him to tire her down.

She thus continued to dance alone, defiantly as she thought, but in truth slavishly and abjectly, subject to every wave of the melody, and probed by the gimlet-like gaze of her fascinator's open eye; keeping up at the same time a feeble smile in his face, as a feint to signify it was still her own pleasure which led her on. A terrified embarrassment as to what she could say to him if she were to leave off had its unrecognized share in keeping her going. The child, who was beginning to be distressed by the strange situation, came up and whimpered: "Stop, mother, stop, and let's go home!" as she seized Car'line's hand.

Suddenly Car'line sank staggering to the floor; and rolling over on her face, prone she remained. Mop's fiddle thereupon emitted an elfin shriek of finality; stepping quickly clown from the nine-gallon beer-cask which had formed his rostrum, he went to the little girl, who disconsolately bent over her mother.

The guests who had gone into the back room for liquor and change of air, hearing something unusual, trooped back hitherward, where they endeavoured to revive poor, weak Car'line by blowing her with the bellows and opening the window. Ned, her husband, who had been detained in Casterbridge, as aforesaid, came along the road at this juncture, and

entströmten geradewegs der alten Geige, als stürbe sie an dem Gefühl, das sich in ihr die ganze Zeit über aufgestaut hatte seit ihrer Verbannung aus irgendeiner italienischen oder deutschen Stadt, wo es zuerst Gestalt und Klang angenommen hatte. In dem einen dunklen Auge Mopps stand das, was besagte: «Du kannst nicht loskommen, meine Liebe, auch wenn du möchtest!», und es erzeugte in ihr einen Verzweiflungsanfall, der ihn herausforderte, sie todmüde zu machen.

So tanzte sie allein weiter, trotzig, wie sie dachte, aber in Wirklichkeit sklavisch und unterwürfig, jeder Schwingung der Melodie ausgeliefert und von dem bohrenden Blick des offenen Auges gründlich geprüft, wobei ihr Verehrer gleichzeitig ein schwaches Lächeln in seinem Gesicht beibehielt, als Vorwand, um kundzutun, dass es noch immer ihr eigenes Vergnügen war, das sie weitermachen ließ. Eine schreckliche Verlegenheit, was sie zu ihm sagen könnte, wenn sie aufhören sollte, hatte einen ihr nicht bewussten Anteil daran, dass sie weitermachte. Das Kind, das anfing, von der seltsamen Lage bedrückt zu sein, kam auf sie zu und winselte: «Hör auf, Mutter, hör auf, und lass uns heimgehen!», während es Car'line an der Hand packte.

Auf einmal sank Car'line taumelnd zu Boden, rollte herum auf ihr Gesicht und blieb mit diesem nach unten liegen. Mopps Geige gab daraufhin einen elfenhaften schrillen Schlusston von sich; Mopp stieg rasch von dem Neun-Gallonen-Bierfass herunter, das sein Podest gebildet hatte, und ging auf die Kleine zu, die untröstlich über ihre Mutter gebeugt war.

Als die Gäste, die in den rückwärtigen Raum gegangen waren, um etwas zu trinken und um frische Luft zu schnappen, etwas Ungewöhnliches hörten, strömten sie zurück und bemühten sich, die arme, schwache Car'line wiederzubeleben, indem sie das Fenster öffneten und ihr mit dem Blasebalg Luft zuführten. Ned, ihr Mann, der, wie oben erwähnt, in Casterbridge aufgehalten worden war, kam die Landstraße

hearing excited voices through the open casement, and, to his great surprise, the mention of his wife's name, he entered amid the rest upon the scene. Car'line was now in convulsions, weeping violently, and for a long time nothing could be done with her. While he was sending for a cart to take her onward to Stickleford Hipcroft anxiously inquired how it had all happened; and then the assembly explained that a fiddler formerly known in the locality had lately visited his old haunts, and had taken upon himself without invitation to play that evening at the inn and raise a dance.

Ned demanded the fiddler's name, and they said Ollamoor.

"Ah!" exclaimed Ned, looking round him. "Where is he, and where – where's my little girl?"

Ollamoor had disappeared, and so had the child. Hipcroft was in ordinary a quiet and tractable fellow, but a determination which was to be feared settled in his face now. "Blast him!" he cried. "I'll beat his skull in for'n, if I swing for it tomorrow!"

He had rushed to the poker which lay on the hearth, and hastened down the passage, the people following. Outside the house, on the other side of the highway, a mass of dark heath-land rose sullenly upward to its not easily accessible interior, a ravined plateau, whereon jutted into the sky, at the distance of a couple of miles, the fir-woods of Mistover backed by the Yalbury coppices – a place of Dantesque gloom at this hour, which would have afforded secure hiding for a battery of artillery, much less a man and a child.

Some other men plunged thitherward with him, and more went along the road. They were gone

entlang auf diese Kreuzung zu, und als er durch das offene Fenster erregte Stimmen und, zu seiner großen Überraschung, den Namen seiner Frau erwähnen hörte, trat er auf dem Schauplatz unter die anderen. Car'line war jetzt von Krämpfen befallen, weinte heftig, und lange Zeit war nichts mit ihr anzufangen. Während Hipcroft nach einem Wagen schickte, der sie nach Stickleford weiterbringen sollte, erkundigte er sich besorgt, wie alles sich zugetragen hatte; dann erklärten die Versammelten, dass ein früher hier bekannter Fiedler vor Kurzem seine alten Lieblingsplätze wieder aufgesucht und sich erboten habe, an diesem Abend ohne Einladung im Wirtshaus zum Tanz aufzuspielen.

Ned fragte nach dem Namen des Geigers und sie sagten: Ollamoor.

«Ach!», rief Ned aus und blickte sich um. «Wo ist er, und wo – wo ist meine Kleine?»

Ollamoor war verschwunden, und auch das Kind. Hipcroft war an sich ein ruhiger, umgänglicher Bursche, doch eine Willenskraft, die zu fürchten war, kam jetzt in sein Gesicht. «Hol ihn der Teufel!», rief er. «Ich schlage ihm den Schädel ein, und wenn ich dafür morgen baumeln muss!»

Er war zum Schürhaken gestürmt, der auf dem Herd lag, eilte den Gang entlang, die Leute hinter ihm her. Außerhalb des Hauses, auf der anderen Seite der Landstraße, erhob sich landeinwärts trostlos ein dunkles Heideland-Massiv bis zu seinem nicht leicht zugänglichen Inneren, einer Hochebene mit Schluchten, auf der, etliche Meilen entfernt, die Tannenwälder von Mistover zum Himmel ragten, mit den Niederwäldern von Yalbury dahinter – zu dieser Stunde ein Ort von dantesker Düsterheit, der einer Batterie Artillerie ein sicheres Versteck geboten hätte, erst recht einem Mann und einem Kind.

Ein paar weitere Männer rannten mit ihm in diese Richtung; andere gingen der Straße nach. Sie waren insgesamt

about twenty minutes altogether, returning without result to the inn. Ned sat down in the settle, and clasped his forehead with his hands.

"Well – what a fool the man is, and hev been all these years, if he thinks the child his, as a' do seem to!" they whispered. "And everybody else knowing otherwise!"

"No, I don't think 'tis mine!" cried Ned hoarsely, as he looked up from his hands. "But she *is* mine, all the same! Ha'n't I nursed her? Ha'n't I fed her and teached her? Ha'n't I played wi' her? O, little Carry – gone with that rogue – gone!"

"You ha'n't lost your mis'ess, anyhow," they said to console him. "She threwed up the sperrits, and she is feeling better, and she's more to 'ee than a child that isn't yours."

"She isn't! She's not so particular much to me, especially now she's lost the little maid! But Carry's the whole world to me!"

"Well, ver' like you'll find her tomorrow."

"Ah – but shall I? Yet he *can't* hurt her – surely he can't! Well – how's Car'line now? I am ready. Is the cart here?"

She was lifted into the vehicle, and they sadly lumbered on toward Stickleford. Next day she was calmer; but the fits were still upon her; and her will seemed shattered. For the child she appeared to show singularly little anxiety, though Ned was nearly distracted by his passionate paternal love for a child not his own. It was nevertheless quite expected that the impish Mop would restore the lost one after a freak of a day or two; but time went on, and neither he nor she could be heard of, and

etwa zwanzig Minuten gegangen und kehrten dann unverrichteter Dinge zum Wirtshaus zurück. Ned setzte sich auf die Ruhebank und hielt sich mit den Händen die Stirn.

«Na – was für ein Narr der Mann doch ist und all die Jahre hindurch gewesen ist, wenn er das Kind als das seine betrachtet, wie es den Anschein hat!», flüsterten sie. «Und jeder andere weiß, dass es sich anders verhält!»

«Nein, ich glaube nicht, dass es mein Kind ist!», rief Ned heiser, als er von seinen Händen aufblickte. «Doch es ist trotzdem mein Kind! Habe ich es nicht aufgezogen? Habe ich es nicht gefüttert und unterrichtet? Habe ich nicht mit ihm gespielt? O, kleine Carry – mit diesem Gauner weggelaufen – weg!»

«Sie haben jedenfalls nicht Ihre Frau verloren», sagten sie, um ihn zu trösten. «Sie gab fast schon ihren Geist auf und fühlt sich jetzt besser, und sie ist mehr für Sie als ein Kind, das nicht von Ihnen stammt.»

«Ist sie nicht! Sie ist mir nicht so wichtig, vor allem jetzt, wo sie die Kleine verloren hat! Doch Carry bedeutet mir die ganze Welt!»

«Sie finden sie sicher morgen wieder.»

«Ach – werde ich sie denn finden? Er *kann* ihr doch *nicht* wehtun – gewiss nicht. Nun, wie geht es Car'line jetzt? Ich bin bereit. Ist der Wagen hier?»

Sie wurde in das Fahrzeug gehoben und traurig rumpelten sie weiter auf Stickleford zu. Am nächsten Tag war sie ruhiger; doch die Anfälle traten immer noch auf und ihr Wille schien gebrochen. Um das Kind schien sie erstaunlich wenig besorgt, während Ned durch seine leidenschaftliche väterliche Liebe zu einem Kind, das nicht das seine war, fast zur Raserei getrieben wurde. Man rechnete allerdings durchaus damit, dass der boshafte Mopp die Verlorene nach ein, zwei Tagen launenhaften Verhaltens zurückbringen werde; doch die Zeit verging und man konnte weder von ihm noch von ihr etwas

Hipcroft murmured that perhaps he was exercising upon her some unholy musical charm, as he had done upon Car'line herself. Weeks passed, and still they could obtain no clue either to the fiddler's whereabouts or to the girl's; and how he could have induced her to go with him remained a mystery.

Then Ned, who had obtained only temporary employment in the neighbourhood, took a sudden hatred towards his native district, and a rumour reaching his ears through the police that a somewhat similar man and child had been seen at a fair near London, he playing a violin, she dancing on stilts, a new interest in the capital took possession of Hipcroft with an intensity which would scarcely allow him time to pack before returning thither. He did not, however, find the lost one, though he made it the entire business of his over-hours to stand about in by-streets in the hope of discovering her, and would start up in the night, saying, "That rascal's torturing her to maintain him!" To which his wife would answer peevishly, "Don't 'ee raft yourself so, Ned! You prevent my getting a bit o'rest! He won't hurt her!" and fall asleep again.

That Carry and her father had emigrated to America was the general opinion; Mop, no doubt, finding the girl a highly desirable companion when he had trained her to keep him by her earnings as a dancer. There, for that matter, they may be performing in some capacity now, though he must be an old scamp verging on three-score-and-ten, and she a woman of four-and-forty.

hören, und Hipcroft murmelte, dass er vielleicht einen unheiligen musikalischen Zauber auf sie ausübe, wie er das mit Car'line selber getan hatte. Wochen verstrichen und noch immer konnten sie keinen Hinweis auf den Aufenthaltsort des Geigers oder den des Mädchens erhalten; und wie er sie veranlasst haben konnte, mit ihm zu gehen, blieb ein Geheimnis.

Dann wurde Ned, der in der Nachbarschaft nur vorübergehende Beschäftigung gefunden hatte, von einem plötzlichen Hass auf seinen Heimatbezirk erfasst, und als ihm durch die Polizei ein Gerücht zu Ohren kam, dass ein etwas ähnlich aussehender Mann mit Kind auf einem Jahrmarkt in der Nähe von London gesehen worden sei, er geigespielend, das Mädchen auf Stelzen tanzend, ergriff ein neues Interesse an der Hauptstadt von Hipcroft Besitz, und zwar mit einer Stärke, die ihm kaum Zeit zum Packen ließ, ehe er dorthin zurückkehrte. Er fand jedoch die Verlorene nicht, obwohl er es sich ganz zur Aufgabe seiner Überstunden machte, in Nebenstraßen herumzustehen, in der Hoffnung, das Mädchen zu entdecken, und obwohl er nachts gewöhnlich auffuhr und sagte: «Dieser Schurke martert sie, damit sie ihn unterhält!» Worauf seine Frau immer griesgrämig antwortete: «Reg dich nicht so auf, Ned! Du hältst mich davon ab, ein bisschen zur Ruhe zu kommen. Er wird ihr schon nichts tun!», und wieder einschlief.

Allgemein war man der Ansicht, Carry und ihr Vater seien nach Amerika ausgewandert. Mopp entdeckte wahrscheinlich, dass das Mädchen eine überaus wünschenswerte Gefährtin sei, wenn er ihr beigebracht hatte, durch ihre Einnahmen als Tänzerin für seinen Unterhalt zu sorgen. Demgemäß treten sie vielleicht jetzt dort in irgendeiner Nummer auf; dabei muss er ein alter Halunke sein, der auf die siebzig zugeht, und sie eine Frau von vierundvierzig.

William Schwenck Gilbert
Angela

I am a poor paralysed fellow who, for many years past, has been confined to a bed or a sofa. For the last six years I have occupied a small room, giving on to one of the side canals of Venice, and having no one about me but a deaf old woman, who makes my bed and attends to my food; and there I eke out a poor income of about thirty pounds a year by making water-colour drawings of flowers and fruit (they are the cheapest models in Venice), and these I send to a friend in London, who sells them to a dealer for small sums. But, on the whole, I am happy and content.

It is necessary that I should describe the position of my room rather minutely. Its only window is about five feet above the water of the canal, and above it the house projects some six feet, and overhangs the water, the projecting portion being supported by stout piles driven into the bed of the canal. This arrangement has the disadvantage (among others) of so limiting my upward view that I am unable to see more than about ten feet of the height of the house immediately opposite to me, although, by reaching as far out of the window as my infirmity will permit, I can see for a considerable distance up and down the canal, which does not exceed fifteen feet in width. But, although I can see but little of the material house opposite, I can see its reflection upside down in the canal, and I take a good deal of inverted interest in such of its inhabitants as show themselves from time to time (always upside down) on its balconies and at its windows.

William Schwenck Gilbert
Angela

Ich bin ein armer gelähmter Kerl, der seit vielen Jahren an Bett oder Sofa gefesselt ist. Schon seit sechs Jahren lebe ich in einem kleinen Zimmer, das auf einen von Venedigs Nebenkanälen hinausgeht und habe niemanden um mich als eine schwerhörige alte Frau, die mir das Bett macht und sich um mein Essen kümmert; und hier schlage ich mich mit etwa dreißig Pfund Einkommen im Jahr kümmerlich durch, indem ich Aquarelle von Blumen und Früchten anfertige (sie sind in Venedig die billigsten Modelle); diese schicke ich an einen Freund in London, der sie für kleine Beträge an einen Händler verkauft. Doch im Ganzen gesehen bin ich glücklich und zufrieden.

Es ist notwendig, dass ich die Lage meines Zimmers ziemlich genau beschreibe. Sein einziges Fenster befindet sich etwa fünf Fuß über dem Wasser des Kanals, und darüber springt das Haus ungefähr sechs Fuß vor und ragt über das Wasser; der überhängende Teil wird von kräftigen Pfeilern gestützt, die in das Kanalbett getrieben sind. Diese Anordnung hat (unter anderem) den Nachteil, meinen Blick nach oben so zu beschränken, dass ich nicht mehr als etwa zehn Fuß von der Höhe des Hauses sehen kann, das mir unmittelbar gegenüberliegt, obgleich ich, wenn ich mich so weit zum Fenster hinauslehne, wie meine Behinderung es mir erlaubt, den Kanal, der nicht breiter als fünfzehn Fuß ist, eine beträchtliche Strecke hinauf- und hinunterblicken kann. Zwar vermag ich nur wenig vom gegenüberliegenden Haus als solchem wahrzunehmen, kann aber sein Spiegelbild im Kanal auf den Kopf gestellt sehen und interessiere mich (verkehrt herum) für die Bewohner, die sich von Zeit zu Zeit (immer mit dem Kopf nach unten) auf seinen Balkonen und an seinen Fenstern zeigen.

When I first occupied my room, about six years ago, my attention was directed to the reflection of a little girl of thirteen or so (as nearly as I could judge), who passed every day on a balcony just above the upward range of my limited field of view. She had a glass of flowers and a crucifix on a little table by her side; and as she sat there, in fine weather, from early morning until dark, working assiduously all the time, I concluded that she earned her living by needle-work. She was certainly an industrious little girl, and, as far as I could judge by her upside-down reflection, neat in her dress and pretty. She had an old mother, an invalid, who, on warm days, would sit on the balcony with her, and it interested me to see the little maid wrap the old lady in shawls, and bring pillows for her chair, and a stool for her feet, and every now and again lay down her work and kiss and fondle the old lady for half a minute, and then take up her work again.

Time went by, and as the little maid grew up, her reflection grew down, and at last she was quite a little woman of, I suppose, sixteen or seventeen. I can only work for a couple of hours or so in the brightest part of the day, so I had plenty of time on my hands in which to watch her movements, and sufficient imagination to weave a little romance about her, and to endow her with a beauty which, to a great extent, I had to take for granted. I saw – or fancied that I could see – that she began to take an interest in *my* reflection (which, of course, she could see as I could see hers); and one day, when it appeared to me that she was looking right at it – that is to say when her reflection appeared to be looking right at me – I tried the desperate experi-

Als ich vor ungefähr sechs Jahren mein Zimmer erstmals bezog, wurde meine Aufmerksamkeit auf das Spiegelbild eines kleinen Mädchens von etwa dreizehn Jahren (so gut ich schätzen konnte) gelenkt, das jeden Tag auf einem Balkon gerade über dem oberen Bereich meines eingeschränkten Blickfeldes verbrachte. Es hatte ein Glas Blumen und ein Kruzifix auf einem Tischchen neben sich; und da es bei schönem Wetter vom frühen Morgen bis zum Abend dasaß und die ganze Zeit über fleißig arbeitete, folgerte ich, dass es seinen Lebensunterhalt mit Handarbeiten verdiente. Es war sicher ein eifriges Mädchen und, soweit ich es nach seinem auf dem Kopf stehenden Spiegelbild beurteilen konnte, gepflegt in seiner Kleidung und hübsch. Es hatte eine alte, kränkliche Mutter, die mit ihm an warmen Tagen gewöhnlich auf dem Balkon saß, und ich verfolgte gespannt, wie das kleine Fräulein die alte Dame in Schals einhüllte, Kissen für ihren Stuhl, einen Schemel für ihre Füße brachte, und von Zeit zu Zeit seine Arbeit niederlegte, die alte Dame eine halbe Minute lang küsste und herzte, und dann seine Arbeit wieder aufnahm.

Die Zeit verstrich, und da die Kleine nach oben wuchs, wuchs ihr Spiegelbild nach unten, und schließlich war sie wirklich eine kleine Frau von vermutlich sechzehn oder siebzehn. Ich kann nur ungefähr ein paar Stunden im hellsten Tagesabschnitt arbeiten, daher hatte ich viel Zeit übrig, in der ich ihre Bewegungen beobachten konnte, und genügend Vorstellungsvermögen, um ein kleines Liebesabenteuer um sie herum zu ersinnen und sie mit einer Schönheit auszustatten, die ich weitgehend als gegeben annehmen musste. Ich sah – oder bildete mir ein, sehen zu können –, dass sie ihr Herz für *mein* Spiegelbild entdeckte (das sie natürlich ebenso sehen konnte wie ich das ihre); und eines Tages, als ich den Eindruck hatte, sie würde es bewusst betrachten – das heißt, als ihr Spiegelbild geradewegs auf mich gerichtet zu sein schien –, versuchte ich tollkühn, ihr zuzunicken, und zu mei-

ment of nodding to her, and to my intense delight her reflection nodded in reply. And so our two reflections became known to one another.

It did not take me very long to fall in love with her, but a long time passed before I could make up my mind to do more than nod to her every morning, when the old woman moved me from my bed to the sofa at the window, and again in the evening, when the little maid left the balcony for that day. One day, however, when I saw her reflection looking at mine, I nodded to her, and threw a flower into the canal. She nodded several times in return, and I saw her direct her mother's attention to the incident. Then every morning I threw a flower into the water for "good morning", and another in the evening for "good night", and I soon discovered that I had not altogether thrown them in vain, for one day she threw a flower to join mine, and she laughed and clapped her hands when she saw the two flowers join forces and float away together. And then every morning and every evening she threw her flower when I threw mine, and when the two flowers met she clapped her hands, and so did I; but when they were separated, as they sometimes were, owing to one of them having met an obstruction which did not catch the other, she threw up her hands in a pretty affectation of despair, which I tried to imitate but in an English and unsuccessful fashion. And when they were rudely run down by a passing gondola (which happened not unfrequently) she pretended to cry, and I did the same. Then, in pretty pantomime, she would point downwards to the sky to tell me that it was Destiny that had caused the shipwreck of our flowers, and I, in pantomime, not

ner großen Freude wurde das Nicken von ihrem Spiegelbild beantwortet. Und so lernten sich unsere beiden Spiegelbilder kennen.

Es dauerte nicht sehr lange, bis ich mich in sie verliebte, doch viel Zeit verging, bis ich mich entschließen konnte, mehr zu tun, als ihr jeden Morgen zuzunicken, wenn die alte Frau mich aus meinem Bett zu dem Sofa am Fenster brachte, und am Abend wieder, wenn die Kleine für jenen Tag den Balkon verließ. Als ich jedoch eines Tages sah, wie ihr Spiegelbild das meinige betrachtete, nickte ich ihr zu und warf eine Blume in den Kanal. Sie nickte mehrmals zurück, und ich sah, dass sie die Aufmerksamkeit ihrer Mutter auf den Vorfall lenkte. Dann warf ich an jedem Morgen eine Blume als «Gutenmorgengruß» ins Wasser und am Abend eine weitere als «Gutenachtgruß», und bald entdeckte ich, dass ich sie durchaus nicht vergebens hineingeworfen hatte, denn eines Tages warf sie eine Blume hinein, damit diese die meine begleite, und sie lachte und klatschte in die Hände, als sie sah, dass die beiden Blumen sich zueinandergesellten und gemeinsam davontrieben. Und dann warf sie jeden Morgen und jeden Abend ihre Blume hinein, wenn ich die meine hineinwarf, und sobald die zwei Blumen aufeinandertrafen, klatschte sie, und ich klatschte auch; doch wenn sie getrennt wurden, wie es manchmal geschah, weil die eine auf ein Hindernis gestoßen war und die andere nicht, warf sie die Hände in die Höhe, auf so hübsche Weise Verzweiflung vortäuschend, die ich, aber auf ungeschickt englische Art, nachzuahmen versuchte. Und wenn die Blumen von einer vorbeifahrenden Gondel roh versenkt wurden (was nicht selten vorkam), stellte sich die Kleine weinend, und ich tat dasselbe. Dann pflegte sie in einer hübschen Pantomime zum Himmel hinunterzudeuten, um mir zu sagen, dass das Schicksal den Untergang unserer Blumen verursacht habe, und ich versuchte, ihr pantomimisch, allerdings nicht annähernd so hübsch, zu vermitteln, dass das Schicksal

nearly so pretty, would try to convey to her that Destiny would be kinder next time, and that perhaps tomorrow our flowers would be more fortunate – and so the innocent courtship went on. One day she showed me her crucifix and kissed it, and thereupon I took a little silver crucifix that always stood by me, and kissed that, and so she knew that we were one in religion.

One day the little maid did not appear on her balcony, and for several days I saw nothing of her; and although I threw my flowers as usual, no flower came to keep it company. However, after a time, she reappeared, dressed in black, and crying often, and then I knew that the poor child's mother was dead, and, as far as I knew, she was alone in the world. The flowers came no more for many days, nor did she show any sign of recognition, but kept her eyes on her work, except when she placed her handkerchief to them. And opposite to her was the old lady's chair, and I could see that, from time to time, she would lay down her work and gaze at it, and then a flood of tears would come to her relief. But at last one day she roused herself to nod to me, and then her flower came, day by day, and my flower went forth to join it, and with varying fortunes the two flowers sailed away as of yore.

But the darkest day of all to me was when a good-looking young gondolier, standing right end uppermost in his gondola (for I could see *him* in the flesh), worked his craft alongside the house, and stood talking to her as she sat on the balcony. They seemed to speak as old friends – indeed, as well as I could make out, he held her by the hand during the whole of their interview which lasted quite half an

beim nächsten Mal gnädiger sein werde und dass unsere Blumen vielleicht am Tag darauf mehr Glück haben würden – und so fuhr ich fort, ihr auf harmlose Weise den Hof zu machen. Eines Tages zeigte sie mir ihr Kruzifix und küsste es; daraufhin nahm ich ein kleines silbernes Kruzifix, das immer neben mir stand, und küsste dieses, und so erfuhr sie, dass wir eins im Glauben waren.

Eines Tages erschien die Kleine nicht auf ihrem Balkon, und mehrere Tage lang bekam ich sie nicht zu sehen; und obschon ich, wie üblich, meine Blumen hinauswarf, gesellte sich keine dazu. Doch nach einer gewissen Zeit erschien sie wieder, in Schwarz gekleidet und oft weinend; da wusste ich, dass die Mutter des armen Kindes tot war, und soweit mir bekannt, war sie allein auf der Welt. Viele Tage lang kamen keine Blumen mehr, auch gab sie kein Wiedererkennungszeichen, sondern richtete den Blick ständig auf ihre Arbeit, außer wenn sie ihr Taschentuch an die Augen führte. Ihr gegenüber befand sich der Stuhl der alten Dame, und ich konnte sehen, dass sie von Zeit zu Zeit ihre Arbeit niederlegte und den Stuhl betrachtete; dann kam immer eine Flut von Tränen, die ihr Erleichterung verschafften. Doch eines Tages raffte sie sich endlich auf, mir zuzunicken, und dann kam ihre Blume Tag für Tag, und meine Blume flog hinaus, um sich dazuzugesellen, und mit wechselndem Glück segelten die beiden Blumen dahin wie ehedem.

Doch der schwärzeste Tag von allen war für mich der, als ein gut aussehender junger Gondoliere, der ganz hinten zuoberst in seiner Gondel stand (ich konnte ihn leibhaftig sehen), sein Boot längs des Hauses steuerte und mit ihr plauderte, während sie auf dem Balkon saß. Sie schienen wie alte Freunde miteinander zu reden; er hielt sie tatsächlich, so gut ich es erkennen konnte, während ihres ganzen, etwa eine gute halbe Stunde dauernden Gesprächs bei der Hand. Schließlich stieß er ab und ich blieb mit einem schweren Herzen zurück.

hour. Eventually he pushed off, and left my heart heavy within me. But I soon took heart of grace, for as soon as he was out of sight, the little maid threw two flowers growing on the same stem – an allegory of which I could make nothing, until it broke upon me that she meant to convey to me that he and she were brother and sister, and that I had no cause to be sad. And thereupon I nodded to her cheerily, and she nodded to me, and laughed aloud, and I laughed in return, and all went on again as before.

Then came a dark and dreary time, for it became necessary that I should undergo treatment that confined me absolutely to my bed for many days, and I worried and fretted to think that the little maid and I should see each other no longer, and worse still, that she would think that I had gone away without even hinting to her that I was going. And I lay awake at night wondering how I could let her know the truth, and fifty plans flitted through my brain, all appearing to be feasible enough at night, but absolutely wild and impracticable in the morning. One day – and it was a bright day indeed for me – the old woman who tended me told me that a gondolier had inquired whether the English signor had gone away or had died; and so I learnt that the little maid had been anxious about me, and that she had sent her brother to inquire, and the brother had no doubt taken to her the reason of my protracted absence from the window.

From that day, and ever after during my three weeks of bedkeeping, a flower was found every morning on the ledge of my window, which was within easy reach of anyone in a boat; and when at last a day came when I could be moved, I took my accustomed place on my sofa at the window, and

Aber bald wurde ich wieder guten Mutes, denn sobald er außer Sichtweite war, warf die Kleine zwei Blumen, die am gleichen Stängel wuchsen – ein Gleichnis, auf das ich mir keinen Reim machen konnte, bis mir dämmerte, dass sie mir zu verstehen geben wollte, dass er – der Gondoliere – und sie Geschwister seien und dass ich keine Ursache hätte, traurig zu sein. Und daraufhin nickte ich ihr vergnügt zu, sie nickte mir zu und lachte laut, und ich lachte zurück, und alles ging weiter wie zuvor.

Dann kam eine dunkle und trübselige Zeit, denn es stand an, dass ich mich einer Behandlung unterzog, die mich viele Tage lang völlig ans Bett fesselte. Ich sorgte und grämte mich bei dem Gedanken, dass die Kleine und ich uns länger nicht mehr sehen sollten und, schlimmer noch, dass sie glauben würde, ich sei fortgezogen, ohne ihr auch nur einen diesbezüglichen Hinweis zu geben. Und nachts lag ich wach und fragte mich, wie ich ihr die Wahrheit mitteilen könnte; fünfzig Pläne schwirrten mir durch das Gehirn, die bei Nacht alle hinreichend machbar, am Morgen jedoch völlig irr und undurchführbar erschienen. Eines Tages – und es war für mich wirklich ein strahlender Tag – sagte mir die alte Frau, die mich betreute, dass ein Gondoliere sich erkundigt habe, ob der englische Signor weggezogen oder verstorben sei; und auf diese Weise erfuhr ich, dass die Kleine um mich besorgt gewesen war und dass sie, um nachzufragen, ihren Bruder geschickt hatte, und dieser hatte ihr zweifellos den Grund meiner in die Länge gezogenen Abwesenheit vom Fenster überbracht.

Von jenem Tag an lag während meiner ganzen dreiwöchigen Bettlägerigkeit jeden Morgen eine Blume auf meinem Fenstersims, das jedermann von einem Boot aus leicht erreichen konnte; und als endlich ein Tag kam, an dem ich bewegt werden konnte, nahm ich meinen angestammten Platz auf dem Sofa beim Fenster ein. Die Kleine sah mich, stand (sozusagen) kopf und klatschte, die Hände nach unten gerichtet,

the little maid saw me, and stood on her head (so to speak) and clapped her hands upside down with a delight that was as eloquent as my right-end-up delight could be. And so the first time the gondolier passed my window I beckoned to him, and he pushed alongside, and told me, with many bright smiles, that he was glad indeed to see me well again. Then I thanked him and his sister for their many kind thoughts about me during my retreat, and I then learnt from him that her name was Angela, and that she was the best and purest maiden in all Venice, and that anyone might think himself happy indeed who could call her sister, but that he was happier even than her brother, for he was to be married to her, and indeed they were to be married the next day.

Thereupon my heart seemed to swell to bursting, and the blood rushed through my veins so that I could hear it and nothing else for a while. I managed at last to stammer forth some words of awkward congratulation, and he left me, singing merrily, after asking permission to bring his bride to see me on the morrow as they returned from church.

"For", said he, "my Angela has known you very long – ever since she was a child, and she has often spoken to me of the poor Englishman who was a good Catholic, and who lay all day long for years and years on a sofa at a window, and she had said over and over again how dearly she wished she could speak to him and comfort him; and one day, when you threw a flower into the canal, she asked me whether she might throw another, and I told her yes, for he would understand that it meant sympathy for one sorely afflicted."

And so I learned that it was pity, and not love, ex-

mit einer Freude, die ebenso beredt war, wie mein Kopf-nach-oben-Entzücken sein konnte. Als der Gondoliere zum ersten Mal an meinem Fenster vorbeikam, winkte ich ihm darum zu, und er fuhr längsseits heran und sagte mir, mit unentwegt strahlendem Lächeln, dass er sich freue, mich wieder gesund zu sehen. Dann dankte ich ihm und seiner Schwester dafür, dass sie während meiner Zurückgezogenheit freundlicherweise viel an mich gedacht hatten, und erfuhr von ihm, dass sie Angela hieß und dass sie das beste und reinste Mädchen in ganz Venedig sei, dass wirklich jeder, der sie Schwester nennen könne, sich glücklich schätzen dürfe, dass er aber sogar noch glücklicher sei als ihr Bruder, denn er solle mit ihr verheiratet werden, und die Heirat solle tatsächlich am nächsten Tag stattfinden.

Daraufhin schien mein Herz bis zum Bersten anzuschwellen, und das Blut rauschte mir so durch die Adern, dass ich eine ganze Weile sonst nichts hören konnte. Es gelang mir schließlich, ein paar unbeholfene Glückwünsche hervorzustammeln, und er verließ mich, vergnügt singend, nachdem er mich um die Erlaubnis gebeten hatte, seine Braut am nächsten Tag mitbringen zu dürfen, wenn sie aus der Kirche zurückkämen.

«Denn», sagte er, «meine Angela kennt Sie sehr lange, schon seit ihrer Kindheit, und sie hat oft mit mir über den armen Engländer gesprochen, der ein guter Katholik sei und der viele Jahre hindurch den lieben langen Tag auf einem Sofa am Fenster liege; immer und immer wieder hatte sie gesagt, wie gern sie mit ihm sprechen und ihn trösten möchte, und eines Tages, als Sie eine Blume in den Kanal warfen, fragte sie mich, ob sie auch eine hineinwerfen dürfe, und ich sagte Ja, denn er würde verstehen, dass es Mitleid für einen arg geplagten Menschen bedeuten solle.»

So erfuhr ich, dass Mitleid, und nicht Liebe – abgesehen natürlich von der Liebe, die mit dem Mitleid verwandt ist –, die

cept indeed such love as is akin to pity, that prompted her to interest herself in my welfare, and there was an end of it all.

For the two flowers that I thought were on one stem were two flowers tied together (but I could not tell that), and they were meant to indicate that she and the gondolier were affianced lovers, and my expressed pleasure at this symbol delighted her, for she took it to mean that I rejoiced in her happiness.

And the next day the gondolier came with a train of other gondoliers, all decked in their holiday garb, and on his gondola sat Angela, happy, and blushing at her happiness. Then he and she entered the house in which I dwelt, and came into my room (and it was strange indeed, after so many years of inversion, to see her with her head above her feet!), and then she wished me happiness and a speedy restoration to good health (which could never be); and I in broken words and with tears in my eyes, gave her the little silver crucifix that had stood by my bed or my table for so many years. And Angela took it reverently, and crossed herself, and kissed it, and so departed with her delighted husband.

And as I heard the song of the gondoliers as they went their way – the song dying away in the distance as the shadows of the sundown closed around me – I felt that they were singing the requiem of the only love that had ever entered my heart.

Kleine bewegt hatte, an meinem Befinden Anteil zu nehmen, und damit war alles zu Ende.

Denn die zwei Blumen, von denen ich geglaubt hatte, sie seien an demselben Stiel, waren zwei zusammengebundene Blumen (doch das konnte ich nicht erkennen), und sie sollten anzeigen, dass sie und der Gondoliere verlobt waren, und meine zum Ausdruck gebrachte Freude über dieses Sinnbild entzückte sie, denn sie fasste es so auf, als freue ich mich über ihr Glück.

Am nächsten Tag kam der Gondoliere in Begleitung weiterer Gondolieri, alle in ihrem Festtagsgewand, und auf seiner Gondel saß Angela, glücklich und über ihr Glück errötend. Dann betraten er und sie das Haus, in dem ich wohnte, und kamen in mein Zimmer (und in der Tat war es sonderbar, sie nach so vielen Jahren, in denen sie auf dem Kopf stand, mit dem Kopf oberhalb der Füße zu sehen!); dann wünschte sie mir Glück und eine baldige völlige Genesung (die nie eintreten konnte); und ich gab ihr stammelnd und mit Tränen in den Augen das kleine silberne Kruzifix, das so viele Jahre lang neben meinem Bett oder auf meinem Tisch gestanden hatte. Angela nahm es ehrfürchtig, bekreuzigte sich, küsste es und empfahl sich auf diese Weise samt ihrem hocherfreuten Gatten.

Und während ich das Lied der Gondolieri hörte, wie sie dahinfuhren – das Lied, das in der Ferne verklang, als die Schatten des Sonnenuntergangs um mich hereinbrachen –, war mir zumute, als sängen sie das Requiem auf die einzige Liebe, die je in mein Herz gedrungen war.

George Egerton
A Little Grey Glove

Yes, most fellows' book of life may be said to begin at the chapter where woman comes in; mine did. She came in years ago, when I was a raw undergraduate. With the sober thought of retrospective analysis, I may say she was not all my fancy painted her; indeed now that I come to think of it there was no fancy about the vermeil of her cheeks, rather an artificial reality; she had her bower in the bar of the Golden Boar, and I was madly in love with her, seriously intent on lawful wedlock. Luckily for me she threw me over for a neighbouring pork butcher, but at the time I took it hardly, and it made me sex-shy. I was a very poor man in those days. One feels one's griefs more keenly then, one hasn't the wherewithal to buy distraction. Besides, ladies snubbed me rather, on the rare occasions I met them. Later I fell in for a legacy, the forerunner of several; indeed, I may say I am beastly rich. My tastes are simple too, and I haven't any poor relations. I believe they are of great assistance in getting rid of superfluous capital, wish I had some! It was after the legacy that women discovered my attractions. They found that there was something superb in my plainness (before, they said ugliness), something after the style of the late Victor Emanuel, something infinitely more striking than mere ordinary beauty. At least so Harding told me his sister said, and she had the reputation of being a clever girl. Being an only child, I never had the opportunity

George Egerton
Ein kleiner grauer Handschuh

Ja, man kann sagen, dass das Leben der meisten jungen Männer mit dem Kapitel beginnt, in dem eine Frau auftritt; bei mir war es so. Sie erschien vor Jahren, als ich ein unerfahrener Student war. Nüchterne Rückbesinnung lässt mich sagen, dass die Frau keineswegs all das war, was meine Phantasie mir ausmalte; nachträglich betrachtet war das Rouge ihrer Wangen nichts zum Phantasieren; es war eher eine künstliche Wirklichkeit. Die Frau hatte ihre Schlafstelle in der Bar vom «Goldenen Eber»; ich war schrecklich verliebt in sie und dachte ernstlich an eine regelrechte Heirat. Zum Glück für mich ließ sie mich im Stich, weil ihr ein Schweinemetzger aus der Nachbarschaft lieber war, doch damals nahm ich es schwer und es machte mich scheu gegenüber dem anderen Geschlecht. Ich war damals ein recht armer Kerl. Da empfindet man die eigenen Sorgen stärker; man hat nicht die Mittel, sich Zerstreuung zu kaufen. Außerdem zeigten mir Damen bei den seltenen Gelegenheiten, da ich mit ihnen zusammentraf, eher die kalte Schulter. Später fiel mir eine Erbschaft zu, die erste von mehreren; ich kann tatsächlich behaupten, dass ich stinkreich bin. Dabei sind meine Vorlieben einfach und arme Verwandte habe ich nicht. Die sind, glaube ich, eine große Hilfe, wenn man überflüssiges Kapital loswerden will; ich wollte, ich hätte ein paar. Nach dem Erbfall entdeckten Frauen meine Reize. Sie fanden, meine Schlichtheit habe etwas Großartiges (zuvor hatten sie Hässlichkeit gesagt), etwas, das an den Stil des verstorbenen Victor Emanuel erinnerte, etwas unendlich Auffallenderes als bloße normale Schönheit. Wenigstens sagte mir Harding, dass seine Schwester das behauptete, und sie stand im Ruf, ein kluges Mädchen zu sein. Da ich ein Einzelkind war, hatte ich nie

other fellows had of studying the undress side of women through familiar intercourse, say with sisters. Their most ordinary belongings were sacred to me. I had, I used to be told, ridiculous high-flown notions about them (by the way I modified those considerably on closer acquaintance). I ought to study them, nothing like a woman for developing a fellow. So I laid in a stock of books in different languages, mostly novels, in which women played title roles, in order to get up some definite data before venturing amongst them. I can't say I derived much benefit from this course. There seemed to be as great a diversity of opinion about the female species as, let us say, about the salmonidae.

My friend Ponsonby Smith, who is one of the oldest fly-fishers in the three kingdoms, said to me once: "Take my word for it, there are only four true salmo; the salar, the trutta, the fario, the ferox; all the rest are just varieties, subgenuses of the above; stick to that. Some writing fellow divided all the women into good-uns and bad-uns. But as a conscientious stickler for truth, I must say that both in trout as in women, I have found myself faced with most puzzling varieties, that were a tantalizing blending of several qualities." I then resolved to study them on my own account. I pursued the Eternal Feminine in a spirit of purely scientific investigation. I knew you'd laugh sceptically at that, but it's a fact. I was impartial in my selection of subjects for observation – French, German, Spanish, as well as the home product. Nothing in petticoats escaped me. I devoted myself to the freshest *ingenue* as well as the experienced

die Gelegenheit, die andere Burschen hatten, mich mit der zwanglosen Seite von Frauen, durch vertrauten Umgang mit Schwestern zum Beispiel, zu beschäftigen. Ihre allergewöhnlichsten Habseligkeiten waren mir heilig. Ich hatte von Frauen, so wurde mir gesagt, albern hochtrabende Vorstellungen (nebenbei: die änderte ich bei näherer Bekanntschaft beträchtlich). Ich sollte die Frauen beobachten; nichts fördert die Entwicklung des jungen Mannes so wie eine Frau. Daher legte ich mir einen Bestand an Büchern in verschiedenen Sprachen zu, in der Hauptsache Romane, in denen Frauen Hauptrollen spielten, damit ich mir einige verlässliche Tatsachen zusammenstellen konnte, ehe ich mich unter sie wagte. Ich kann nicht behaupten, dass ich aus diesem Kurs viel Nutzen zog. Anscheinend gab es eine ebenso große Meinungsvielfalt über die Gattung Weib wie, sagen wir mal, über die Salmoniden.

Mein Freund Ponsonby Smith, in den drei Königreichen einer der ältesten Fliegenfischer, sagte mir einmal: «Es gibt nur vier echte Lachse, auf mein Wort: den Atlantik-Lachs, die Bachforelle, die Meerforelle und den Wildlachs. Alle anderen sind lediglich Abarten, Untergattungen der genannten; das merke dir! Irgendein Schreiberling teilte alle Frauen in gute und schlechte ein. Doch als gewissenhafter Wahrheitsverfechter muss ich sagen, dass ich sowohl bei Forellen wie bei Frauen überaus rätselhafte Spielarten angetroffen habe, die eine schwierige Mischung verschiedener Eigenschaften waren.» Daraufhin beschloss ich, sie auf eigene Faust zu studieren. Ich verfolgte das Ewig Weibliche im Geiste rein wissenschaftlichen Forschens. Ich weiß, dass du zweiflerisch darüber lachen würdest, doch es ist Tatsache. In meiner Auswahl von Testpersonen war ich unparteiisch – Französinnen, Deutsche, Spanierinnen wie auch das heimische Erzeugnis. Nichts, was einen Unterrock trug, entging mir. Ich widmete mich der unbefangensten Naiven genauso wie der erfahrenen Witwe von drei verstorbenen Männern; ich gebe auch gern zu, dass ich

widow of three departed; and I may as well confess that the more I saw of her, the less I understood her. But I think they understood me. They refused to take me *au sérieux*. When they weren't fleecing me, they were interested in the state of my soul (I preferred the former), but all humbugged me equally, so I gave them up. I took to rod and gun instead, *pro salute animae*; it's decidedly safer. I have scoured every country in the globe; indeed I can say that I have shot and fished in woods and waters where no other white man, perhaps ever dropped a beast or played a fish before. There is no life like the life of a free wanderer, and no lore like the lore one gleans in the great book of nature. But one must have freed one's spirit from the taint of the town before one can even read the alphabet of its mystic meaning.

What has this to do with the glove? True, not much, and yet it has a connection – it accounts for me.

Well, for twelve years I have followed the impulses of the wandering spirit that dwells in me. (…) But I have been shy as a chub at the shadow of a woman.

Well, it happened last year I came back on business – another confounded legacy; end of June too, just as I was off to Finland. But Messrs. Thimble and Rigg, the highly respectable firm who look after my affairs, represented that I owed it to others, whom I kept out of their share of the legacy, to stay near town till affairs were wound up. They told me, with a view to reconcile me perhaps, of a trout stream with a decent inn near it; an unknown stream in Kent. It seems a junior member of the firm is an angler, at least he some-

sie umso weniger verstand, je mehr ich sie zu sehen bekam. Doch ich glaube, dass sie mich verstanden. Sie weigerten sich, mich ernst zu nehmen. Wenn sie mich nicht gerade rupften, zeigten sie sich für meine seelische Verfassung aufgeschlossen (Ersteres war mir lieber), doch alle prellten mich gleichermaßen, darum ließ ich sie ziehen. Ich verlegte mich stattdessen, um meines Seelenheiles willen, auf Angelrute und Flinte; das ist entschieden sicherer. Ich habe jedes Land auf dem Erdball durchstreift und kann tatsächlich behaupten, dass ich in Wäldern gejagt und in Gewässern gefischt habe, wo vielleicht kein anderer Weißer je ein Tier erlegt oder einen Fisch hat auszappeln lassen. Kein Leben gleicht dem eines freien Wanderers und kein Wissen dem, das man aus dem großen Buch der Natur zusammenträgt. Doch ehe man auch nur das ABC von dessen geheimnisvoller Bedeutung lesen kann, muss man seinen Geist vom verderblichen Einfluss der Stadt frei gemacht haben.

Was hat das mit dem Handschuh zu tun? Stimmt, nicht viel, und doch besteht eine Verbindung – sie erklärt mir die Sache.

Nun, seit zwölf Jahren folge ich den Antrieben des Wandergeists, der mir innewohnt. Doch beim Schatten einer Frau bin ich scheu wie ein Reh.

Nun, als ich im vergangenen Jahr von einer Geschäftsreise zurückkam: wieder eine verdammte Erbschaft! Noch dazu Ende Juni, gerade als ich nach Finnland fahren wollte. Doch Thimble & Rigg, die hochangesehene Kanzlei, die sich um meine Angelegenheiten kümmert, machte mir klar, dass ich es denen, die ich von ihrem Erbteil fernhielt, schuldig sei, in Stadtnähe zu bleiben, bis die Sache abgewickelt war. Vielleicht um mich zu begütigen, erzählten sie mir von einem Forellengewässer mit einem netten Gasthaus in der Nähe, einem wenig bekannten Gewässer in Kent. Ein jüngerer Mitarbeiter der Kanzlei ist anscheinend Angler, zumindest fängt er manchmal

times catches pike or perch in the Medway some
way from the stream where the trout rise in au-
dacious security from artificial lures. I stipulated
for a clerk to come down with any papers to be
signed, and started at once for Victoria. I decline
to tell the name of my find, firstly because the
trout are the gamest little fish that ever rose to
fly and run to a good two pounds. Secondly, I
have paid for all the rooms in the inn for the next
year, and I want it to myself. The glove is lying
on the table next me as I write. If it isn't in my
breast-pocket or under my pillow, it is in some
place where I can see it. It has a delicate grey
body (suède, I think they call it) with a whipp-
ing of silver round the top, and a darker grey
silk tag to fasten it. It is marked 5 ¾ inside, and
has a delicious scent about it, to keep off moths,
I suppose; naphthaline is better. (…) I startled the
good landlady of the little inn (there is no village
fortunately) when I arrived with the only porter
of the tiny station laden with traps. She hesitated
about a private sitting-room, but eventually we
compromised matters, as I was willing to share it
with the other visitor. I got into knickerbockers at
once, collared a boy to get me worms and minnow for the morrow, and I felt too lazy to unpack
tackle, just sat in the shiny armchair (made comfortable by the successive sitting of former occupants) at the open window and looked out. The
river, not the trout stream, winds to the right,
and the trees cast trembling shadows into its clear
depths. The red tiles of a farm roof show between
the beeches, and break the monotony of blue sky
background. A dusty waggoner is slaking his

Hechte oder Barsche im Medway, etwas abseits von dort, wo die Forellen in waghalsiger Sicherheit vor künstlichen Ködern springen. Ich erbat mir, dass ein Angestellter mich aufsuchen solle, wenn etwa Papiere zu unterzeichnen waren, und brach gleich zur Victoria-Station auf. Ich hüte mich, den Namen meiner Entdeckung preiszugeben, erstens, weil die Forellen die besten kleinen Angelfische sind, die je zum Flug ansetzten und bis gut zwei Pfund schwer werden. Zweitens habe ich alle Zimmer im Gasthof für das kommende Jahr gebucht; ich will es für mich allein haben. Der Handschuh liegt, während ich schreibe, neben mir auf dem Tisch. Wenn er nicht in meiner Brusttasche oder unter meinem Kopfkissen steckt, ist er an irgendeinem Platz, wo ich ihn sehen kann. Er ist aus feinem grauen Material (ich glaube, man nennt es Velours) mit einer silbernen Ziernaht um die Stulpe und einer Seidenschlinge in dunklerem Grau zum Schließen. Innen ist die Größe angegeben (5 ¾), ein köstlicher Geruch haftet ihm an, wohl um Motten abzuhalten; Naphthalin ist besser. Ich erschreckte die gute Wirtin des kleinen Gasthofs (zum Glück gibt es kein Dorf), als ich mit dem einzigen Gepäckträger der sehr kleinen Bahnstation ankam, den ich mit den Gerätschaften beladen hatte. Sie zögerte wegen eines eigenen Aufenthaltsraumes, doch schließlich einigten wir uns, da ich bereit war, ihn mit dem anderen Gast zu teilen. Ich zog gleich Knickerbocker an, schnappte mir einen Jungen, der mir für den nächsten Tag Würmer und Elritzen besorgen sollte, und da ich zu faul war, das Angelgerät auszupacken, setzte ich mich einfach in den abgewetzten Lehnstuhl (den frühere Gäste durch Aussitzen bequem gemacht hatten) ans offene Fenster und schaute hinaus. Der Fluss, nicht das Forellengewässer, windet sich nach rechts dahin, und die Bäume werfen zitternde Schatten in seine klaren Tiefen. Zwischen den Buchen hindurch sind die roten Dachziegel eines Bauernhauses zu sehen, eine Unterbrechung des blauen Himmels dahinter. Ein staub-

thirst with a tankard of ale. I am conscious of
the strange lonely feeling that a visit to England
always gives me. Away in strange lands, even in
solitary places, one doesn't feel it somehow. One
is filled with the hunter's lust, bent on a «kill»,
but at home in the quiet country, with the smoke
curling up from some fireside, the mowers busy
laying the hay in swaths, the children tumbling
under the trees in the orchards, and a girl singing as she spreads the clothes on the sweetbriar
hedge, amidst a scene quick with home sights and
sounds, a strange lack creeps in and makes itself
felt in a dull, aching way. Oddly enough, too, I
had a sense of uneasiness, a «something going
to happen». I had often experienced it when out
alone in a great forest, or on an unknown lake,
and it always meant «ware danger» of some
kind. But why should I feel it here? Yet I did,
and I couldn't shake it off. I took to examining
the room. It was a commonplace one of the usual
type. But there was a work-basket on the table,
a dainty thing, lined with blue satin. There was
a bit of lace stretched over shiny blue linen, with
the needle sticking in it; such fairy work, like
cobwebs seen from below, spun from a branch
against a background of sky. A gold thimble, too,
with initials, not the landlady's, I know. What
pretty things, too, in the basket! A scissors, a
capital shape for fly-making; a little file, and
some floss silk and tinsel, the identical colour I
want for a new fly I have in my head. (…) Some
one looks in behind me, and a light step passes
upstairs. I drop the basket, I don't know why.
There are some reviews near it. I take up one, and

bedeckter Fuhrmann löscht gerade seinen Durst mit einem Humpen Bier. Ich bin mir des seltsamen Gefühls der Einsamkeit bewusst, das mir ein Aufenthalt in England immer gibt. In fernen Ländern hat man das irgendwie nicht, nicht einmal an einsamen Plätzen. Man ist erfüllt von der Lust des Jägers, erpicht darauf, Beute zu machen; doch in der stillen Heimat, wenn sich der Rauch aus einem Kamin hinaufringelt, die Mäher fleißig das Heu in Schwaden legen, die Kinder sich unter den Bäumen der Obstgärten tummeln, ein Mädchen singt, während es die Wäsche auf die Zaunrosenhecke breitet – mitten in einer Umgebung, die von vertrauten Bildern und Geräuschen belebt ist, schleicht sich ein seltsamer Mangel ein und macht sich dumpf schmerzend bemerkbar. Auch hatte ich sonderbarerweise ein Gefühl des Unbehagens, als «liege etwas in der Luft». Ich hatte es oft erlebt, wenn ich allein draußen war in einem großen Wald oder auf einem unbekannten See, und stets bedeutete es irgendwie «Vorsicht, Gefahr!» Warum sollte ich dieses Gefühl hier haben? Und dennoch hatte ich es und konnte es nicht abschütteln. Ich fing an, das Zimmer zu untersuchen. Es war ein Allerweltszimmer. Doch auf dem Tisch stand ein Handarbeitskorb, ein schmuckes Ding, mit blauem Satin ausgelegt. Ein bisschen Spitze war über schimmerndes blaues Leinen gespannt, in dem die Nadel stak; die zauberhafte Arbeit sah aus wie Spinnfäden an einem Ast, von unten gesehen gegen den Himmel als Hintergrund. Auch ein goldener Fingerhut war da mit Initialen, die, wie ich weiß, nicht die der Wirtin sind. Und im Korb, was für hübsche Sachen! Eine Schere, eine großartige Form zur Herstellung von künstlichen Fliegen; eine kleine Feile, etwas Florettseide und Lametta von genau der Farbe, die ich mir für eine neue Fliege wünsche, wie ich sie mir vorstelle. Jemand schaut hinter mir herein, geht leichten Schrittes treppauf. Ich stelle den Korb ab, ich weiß nicht, warum. Daneben liegen ein paar Zeitschriften. Ich nehme eine zur Hand und bin bald in einen Ar-

am soon buried in an article on Tasmanian fauna. It is strange, but whenever I do know anything about a subject, I always find these writing fellows either entirely ignorant or damned wrong.

After supper, I took a stroll to see the river. It was a silver grey evening, with just the last lemon and pink streaks of the sunset staining the sky. There had been a shower, and somehow the smell of the dust after rain mingled with the mignonette in the garden brought back vanished scenes of small-boyhood, when I caught minnows in a bottle, and dreamt of a shilling rod as happiness unattainable. I turned aside from the road and walked towards the stream. Holloa! someone before me, what a bore! The angler is hidden by an elder-bush, but I can see the fly drop delicately, artistically on the water. Fishing upstream, too! There is a bit of broken water there, and the midges dance in myriads; a silver gleam, and the line spins out, and the fly falls just in the right place. It is growing dusk, but the fellow is an adept at quick, fine casting – I wonder what fly he has on – why, he's going to try downstream now? I hurry forward, and as I near him, I swerve to the left out of the way. S-s-s-s! a sudden sting in the lobe of my ear. Hey! I cry as I find I am caught; the tail fly is fast in it. A slight, grey-clad woman holding the rod lays it carefully down and comes towards me through the gathering dusk. My first impulse is to snap the gut and take to my heels, but I am held by something less tangible but far more powerful than the grip of the Limerick hook in my ear.

"I am very sorry!" she says in a voice that matched the evening, it was so quiet and soft; "but

tikel über die tasmanische Tierwelt vertieft. Es ist sonderbar, doch immer, wenn ich tatsächlich etwas über einen Gegenstand weiß, finde ich, dass diese Schreiberlinge entweder keine Ahnung haben oder völlig auf dem Holzweg sind.

Nach dem Abendessen ging ich los, um den Fluss zu sehen. Es war ein silbergrauer Abend und die letzten gelben und rosaroten Streifen des Sonnenuntergangs färbten den Himmel. Ein Platzregen war niedergegangen, und irgendwie brachte der Geruch von Staub nach Regen, vermischt mit dem Resedaduft im Garten, verschwundene Bilder aus der frühen Knabenzeit zurück, als ich Elritzen in einer Flasche fing und von einer Angel zu einem Schilling als einem unerreichbaren Glück träumte. Ich wandte mich von der Straße ab und ging auf den Fluss zu. Oh, là, là! Jemand vor mir, wie lästig! Der Angler ist von einem Holunderbusch verborgen, doch ich kann sehen, wie die Fliege elegant, künstlerisch aufs Wasser fällt. Noch dazu gegen die Strömung zu angeln! Es ist da eine Stelle trüben Wassers, über der unzählige Mücken tanzen; ein silberner Glanz, die Angelrute wirbelt hinaus und die Fliege fällt genau am richtigen Ort nieder. Es wird dunkel, doch der Bursche ist geschickt im schnellen, gezielten Werfen – was für eine Fliege er wohl verwendet? –, na, versucht er es jetzt mit der Strömung? Ich eile nach vorn, und näher kommend, wende ich mich, um auszuweichen, nach links. S-s-s-s!, ein plötzlicher Stich in meinem Ohrläppchen. He!, rufe ich, wie ich merke, dass ich gefangen bin; die Fliege steckt fest darin. Eine zierliche, graugekleidete Frau legt behutsam die Angelrute aus der Hand und kommt durch die zunehmende Dunkelheit auf mich zu. Meine erste Regung ist die, den Seidendarm zu zerreißen und mich aus dem Staub zu machen, doch ich werde von etwas zurückgehalten, was weniger greifbar, aber weit mächtiger ist als der Stich des irischen Hakens in meinem Ohr.

«Das tut mir sehr leid!», sagt sie mit einer Stimme, die zum Abend passte, so ruhig und leise war sie; «aber

it was exceedingly stupid of you to come behind like that."

"I didn't think you threw such a long line; I thought I was safe," I stammered.

"Hold this!" she says, giving me a diminutive fly-book, out of which she has taken a scissors. I obey meekly. She snips the gut.

"Have you a sharp knife? If I strip the hook you can push it through; it is lucky it isn't in the cartilage."

I suppose I am an awful idiot, but I only handed her the knife, and she proceeded as calmly as if stripping a hook in a man's ear were an everyday occurrence. Her gown is of some soft grey stuff, and her grey leather belt is silver clasped. Her hands are soft and cool and steady, but there is a rarely disturbing thrill in their gentle touch. The thought flashed through my mind that I had just missed that, a woman's voluntary tender touch, not a paid caress, all my life.

"Now you can push it through yourself. I hope it won't hurt much." Taking the hook, I push it through, and a drop of blood follows it. "Oh!" she cries, but I assure her it is nothing, and stick the hook surreptitiously in my coat sleeve. Then we both laugh, and I look at her for the first time. She has a very white forehead, with little tendrils of hair blowing round it under her grey cap, her eyes are grey. I didn't see that then, I only saw they were steady, smiling eyes that matched her mouth. Such a mouth, the most maddening mouth a man ever longed to kiss, above a too-pointed chin, soft as a child's; indeed, the whole face looks soft in the misty light.

es war auch zu dumm von Ihnen, so von hinten zu kommen.»

«Ich habe nicht gedacht, dass Sie eine so lange Schnur auswerfen; ich glaubte mich in Sicherheit», stotterte ich.

«Halten Sie das!», sagt sie und gibt mir eine winzige Fliegendose, der sie eine Schere entnimmt. Ich gehorche kleinlaut. Sie schneidet den Seidenarm durch.

«Haben Sie ein scharfes Messer? Wenn ich den Haken ablöse, können Sie ihn durchschieben; zum Glück steckt er nicht im Knorpel.»

Sicher bin ich ein entsetzlicher Blödmann, doch ich gab ihr einfach das Messer, und sie machte so ruhig weiter, als entferne sie tagtäglich einem Mann einen Haken aus dem Ohr. Ihr Kleid ist aus weichem grauem Stoff, ihr grauer Ledergürtel hat eine Silberspange. Ihre Hände sind weich, kühl und fest, doch ihr sanfter Zugriff löst einen äußerst verwirrenden Nervenkitzel aus. Mir zuckte der Gedanke durch den Kopf, dass ich genau das mein Leben lang vermisst hatte: die freiwillige sanfte Berührung durch eine Frau, nicht eine bezahlte Liebkosung.

«Nun können Sie ihn selber durchschieben. Hoffentlich tut es nicht sehr weh.» Ich nehme den Haken, schiebe ihn durch, und es kommt ein Tropfen Blut. «Oh!», ruft sie, doch ich versichere ihr, dass es nichts zu sagen hat, und stecke den Haken heimlich in meinen Rockärmel. Dann lachen wir beide und ich sehe sie zum ersten Mal an. Sie hat, eine sehr helle Stirn, mit kleinen Haarkräuseln, die unter ihrer grauen Mütze herumwehen. Sie hat graue Augen. Das sah ich damals nicht; ich bemerkte nur, dass es ruhige, lächelnde Augen waren, die zum Mund passten. So ein Mund, der ganz und gar betörendste Mund, den je ein Mann zu küssen sich sehnte, über einem etwas zu spitzen Kinn, das weich war wie das eines Kindes; im verschwommenen Licht macht das ganze Gesicht tatsächlich einen sanften Eindruck.

"I am sorry I spoilt your sport!" I say.

"Oh, that doesn't matter, it's time to stop. I got two brace, one a beauty."

She is winding in her line, and I look in her basket; they *are* beauties, one two-pounder, the rest running from a half to a pound. (…)

I sling her basket over my shoulder; she takes it as a matter of course, and we retrace our steps. I feel curiously happy as we walk towards the road; there is a novel delight in her nearness; the feel of woman works subtly and strangely in me. (…) I am hardly surprised when she turns into the garden of the inn, I think I knew from the first that she would.

"Better bathe that ear of yours, and put a few drops of carbolic in the water." She takes the basket as she says it, and goes into the kitchen. I hurry over this, and go into the little sitting-room. There is a tray with a glass of milk and some oaten cakes upon the table. I am too disturbed to sit down; I stand at the window and watch the bats flitter in the gathering moonlight, and listen with quivering nerves for her step – perhaps she will send for the tray, and not come after all. What a fool I am to be disturbed by a grey-clad witch with a tantalizing mouth! That comes of loafing about doing nothing. (…) She comes in as I fume, and I forget everything at her entrance. I push the armchair towards the table, and she sinks quietly into it, pulling the tray nearer. She has a wedding ring on, but somehow it never strikes me to wonder if she is married or a widow or who she may be. I am content to watch her break her biscuits. She has the prettiest hands, and a trick of separating her last fingers when she

« Es tut mir leid, dass ich Ihnen reinpfusche », sage ich.

« Oh, das hat nichts zu sagen, es ist Zeit aufzuhören. Ich habe ja zwei Brassen, eine davon ein Prachtexemplar. »

Sie holt ihre Schnur ein und ich schaue in ihren Korb; es sind tatsächlich Prachtexemplare, eine ein Zweipfünder, die übrigen von einem halben bis zu einem Pfund.

Ich hänge mir ihren Korb über die Schulter; sie findet das selbstverständlich und wir machen uns auf den Rückweg. Auf dem Weg zur Straße fühle ich mich seltsam beglückt; die Nähe einer Frau bereitet ein neuartiges Entzücken; in mir arbeitet das Gefühl für sie fast unmerklich und auf sonderbare Weise. Ich bin kaum überrascht, dass sie in den Garten des Gasthauses einbiegt; ich glaube, ich wusste von Anfang an, dass sie es tun würde.

« Sie sollten Ihr Ohr baden und ein paar Tropfen Karbol ins Wasser tun. » Sie nimmt, während sie das sagt, den Korb und geht in die Küche. Ich erledige das hastig und gehe in den kleinen Aufenthaltsraum. Da steht auf dem Tisch ein Tablett mit einem Glas Milch und ein paar Haferkeksen. Ich bin zu sehr durcheinander, um mich zu setzen; ich stehe am Fenster, beobachte die Fledermäuse, die im stärker werdenden Mondlicht herumflitzen, und horche mit zuckenden Nerven auf den Schritt der Dame – vielleicht lässt sie sich ihr Tablett bringen und kommt überhaupt nicht. Was bin ich doch für ein Narr, mich von einer graugekleideten Hexe mit schmachtendem Mund beunruhigen zu lassen! Das kommt vom Herumlungern und Nichtstun. Während ich rauche, kommt sie herein, und ich vergesse nun alles. Ich rücke den Sessel an den Tisch, sie setzt sich ruhig hinein und holt den Aschenbecher näher zu sich heran. Sie trägt einen Ehering, doch irgendwie kommt es mir nicht in den Sinn, mich zu fragen, ob sie verheiratet oder verwitwet ist oder wer sie sein mag. Ich bin zufrieden, dass ich sehe, wie sie die Kekse bricht. Sie hat die hübschesten Hände und einen Trick, ihre äußeren Finger wegzustrecken,

takes hold of anything. They remind me of white orchids I saw somewhere. She led me to talk; about Africa, I think. I liked to watch her eyes glow deeply in the shadow and then catch light as she bent forward to say something in her quick responsive way.

"Long ago when I was a girl," she said once.

"Long ago?" I echo incredulously; "surely not."

"Ah, but yes, you haven't seen me in the daylight," with a soft little laugh. "Do you know what the gipsies say? 'Never judge a woman or a ribbon by candle-light.' They might have said moonlight equally well."

She rises as she speaks, and I feel an overpowering wish to have her put out her hand. But she does not, she only takes the work-basket and a book, and says good night with an inclination of her little head.

I go over and stand next to her chair; I don't like to sit in it, but I like to put my hand where her head leant, and fancy, if she were there, how she would look up.

I woke next morning with a curious sense of pleasurable excitement. I whistled from very lightness of heart as I dressed. When I got down I found the landlady clearing away her breakfast things. I felt disappointed and resolved to be down earlier in future. I didn't feel inclined to try the minnow. I put them in a tub in the yard and tried to read and listen for her step. I dined alone. The day dragged terribly. I did not like to ask about her, I had a notion she might not like it. I spent the evening on the river. (…) I sit and

wenn sie etwas an sich nimmt. Sie erinnern mich an weiße Orchideen, die ich mal gesehen habe. Sie brachte mich zum Reden; über Afrika, glaube ich. Ich beobachtete mit Vergnügen, dass ihre Augen im Schatten tief erglühten und dann Licht einfingen, wenn sie sich nach vorn beugte, um in ihrer raschen, einfühlsamen Art etwas zu sagen.

«Vor langer Zeit, als ich ein Mädchen war», begann sie einmal.

«Vor langer Zeit?», wiederhole ich ungläubig; «ganz bestimmt nicht.»

«Oh doch, Sie haben mich nicht bei Tageslicht gesehen», mit mildem Lächeln. «Wissen Sie, was die Zigeuner sagen? ‹Beurteile nie eine Frau oder eine Borte bei Kerzenlicht!› Sie hätten ebensogut Mondlicht sagen können.»

Sie steht auf, während sie spricht, und ich empfinde den überwältigenden Wunsch, zu erleben, dass sie die Hand ausstreckt. Doch sie tut es nicht; sie nimmt nur den Handarbeitskorb und ein Buch und sagt mit einer Neigung ihres zierlichen Kopfes Gute Nacht.

Ich gehe hinüber und bleibe neben ihrem Stuhl stehen; ich möchte nicht auf ihm sitzen, lege aber gern meine Hand an die Stelle, wo ihr Kopf gelehnt hat, und male mir aus, wie sie aufblicken würde, wenn sie da wäre.

Am nächsten Morgen erwachte ich mit einem auf sonderbare Weise angenehmen Hochgefühl. Beim Anziehen pfiff ich aus schierer Heiterkeit des Herzens. Als ich hinunterkam, sah ich die Wirtin das Frühstücksgeschirr der Dame wegtragen. Ich war enttäuscht und beschloss, in Zukunft früher unten zu sein. Mir war nicht danach zumute, die Elritzen auszuprobieren. Ich warf sie in einen Bottich im Garten und versuchte, zu lesen und auf ihren Schritt zu lauschen. Ich aß allein zu Mittag. Der Tag zog sich fürchterlich hin. Ich wollte nicht nach ihr fragen, bildete mir ein, dass sie das vielleicht nicht mochte. Den Abend verbrachte ich am Fluss. Ich sitze da, wo sie

smoke a pipe where she caught me last night. If I
half close my eyes I can see hers, and her mouth
in the smoke. That is one of the curious charms
of baccy, it helps to reproduce brain pictures.
After a bit, I think "perhaps she has left." I get
quite feverish at the thought and hasten back. I
must ask. I look up at the window as I pass; there
is surely a gleam of white. (...) I hasten up. She
is leaning with her arms on the window-ledge
staring out into the gloom. I could swear I caught
a suppressed sob as I entered. I caugh, and she
turns quickly and bows slightly. A bonnet and
gloves and lace affair and a lot of papers are lying
on the table. I am awfully afraid she is going.
I say –

"Please don't let me drive you away, it is so early
yet. I half expected to see you on the river."

"Nothing so pleasant; I have been up in town
(the tears have certainly got into her voice) all day;
it was so hot and dusty, I am tired out."

The little servant brings in the lamp and a tray
with a bottle of lemonade.

"Mistress hasn't any lemons, 'm, will this do?"

"Yes," she says wearily, she is shading her eyes
with her hand; "anything; I am fearfully thirsty."

"Let me concoct you a drink instead. I have
lemons and ice and things. My man sent me down
supplies today; I leave him in town. I am rather a
dab at drinks; I learnt it from the Yankees; about the
only thing I did learn from them I care to remember. Susan!" The little maid helps me to get the
materials, and *she* watches me quietly. When I give
it to her she takes it with a smile (she *has* been crying). That is an ample thank you. She looks quite

mich gestern Abend erwischte, und rauche eine Pfeife. Wenn ich die Augen halb schließe, kann ich im Rauch ihre Augen und ihren Mund sehen. Das ist einer der merkwürdigen Reize des Tabaks, er hilft einem, Bilder aus dem Gedächtnis wiederherzustellen. Nach einer Weile denke ich: «Vielleicht ist sie abgereist.» Bei dem Gedanken werde ich ganz aufgeregt und eile zurück. Ich muss fragen. Im Vorbeigehen schaue ich zum Fenster hinauf; da ist doch ein heller Schein! Ich stürme hinauf. Sie lehnt mit ihren Armen auf dem Fenstersims und starrt in die Dunkelheit. Ich könnte schwören, dass ich einen unterdrückten Seufzer vernahm, als ich eintrat. Ich huste, sie dreht sich rasch um und verneigt sich leicht. Eine Mütze, Handschuhe, ein Spitzending und eine Menge Zeitungen liegen auf dem Tisch. Ich fürchte ungemein, dass sie fortgeht. Ich sage:

«Bitte lassen Sie sich nicht von mir vertreiben, es ist noch so früh. Ich habe eher erwartet, Sie am Fluss zu treffen.»

«Nichts so Angenehmes; ich war den ganzen Tag in der Stadt» (die Tränen haben sich zweifellos in ihre Stimme gemischt); «es war so heiß und staubig, ich bin todmüde.»

Das kleine Dienstmädchen bringt die Lampe herein sowie ein Tablett mit einer Flasche Limonade.

«Die Chefin hat keine Zitronen, hm, genügt das?»

«Ja», sagt sie missmutig und verhüllt ihre Augen mit der Hand; «irgendwas; ich habe entsetzlich Durst.»

«Lassen Sie mich ein anderes Getränk bereiten. Ich habe Zitronen, Eis und alles. Mein Diener schickte mir heute Vorräte; ich lasse ihn in der Stadt. Ich verstehe mich auf Getränke ziemlich gut; das habe ich von den Amis gelernt; so ziemlich das Einzige, was ich von ihnen gelernt habe und mir gern merke. Susan!» Die kleine Dienerin hilft mir, die Sachen zu holen, und *sie* beobachtet mich ruhig. Ich gebe ihr den Drink und sie nimmt ihn mit einem Lächeln entgegen (sie hatte *doch* geweint). Das ist ein großes Dankeschön. Sie sieht recht

old. Something more than tiredness called up those lines in her face.

Well, ten days passed, sometimes we met at breakfast, sometimes at supper, sometimes we fished together or sat in the straggling orchard and talked; she neither avoided me nor sought me. She is the most charming mixture of child and woman I ever met. She is a dual creature. Now I never met that in a man. When she is here without getting a letter in the morning or going to town, she seems like a girl. She runs about in her grey gown and little cap and laughs, and seems to throw off all thought like an irresponsible child. She is eager to fish, or pick gooseberries and eat them daintily, or sit under the trees and talk. But when she goes to town – I notice she always goes when she gets a lawyer's letter, there is no mistaking the envelope – she comes home tired and haggard-looking, an old woman of thirty-five. I wonder why. It takes her, even with her elasticity of temperament, nearly a day to get young again. I hate her to go to town; it is extraordinary how I miss her; I can't recall, when she is absent, her saying anything very wonderful, but she converses all the time. She has a gracious way of filling the place with herself, there is an entertaining quality in her very presence. We had one rainy afternoon; she tied me some flies (I shan't use any of them); I watched the lights in her hair as she moved, it is quite golden in some places, and she has a tiny mole near her left ear and another on her left wrist. On the eleventh day she got a letter but she didn't go to town, she stayed up in her room all day; twenty times I felt inclined to send her a line,

alt aus. Etwas anderes als Müdigkeit hat diese Linien in ihrem Gesicht hervorgerufen.

Nun, es vergingen zehn Tage, manchmal trafen wir uns beim Frühstück, manchmal beim Abendessen, manchmal fischten wir miteinander oder wir saßen in dem weitläufigen Obstgarten und plauderten; weder mied sie mich noch suchte sie mich. Sie ist die reizendste Mischung aus Kind und Frau, der ich je begegnet bin. Sie hat zwei Gesichter. Nie habe ich das bei einem Mann gesehen. Wenn sie hier ist, ohne am Morgen einen Brief zu bekommen oder in die Stadt zu fahren, ist sie wie ein Mädchen. Sie läuft im grauen Kleid und mit der kleinen Mütze herum; sie lacht und scheint alle Gedanken abzuschütteln, wie ein leichtsinniges Kind. Gern angelt sie oder sie pflückt Stachelbeeren und verzehrt sie mit Behagen, oder sie sitzt unter den Bäumen und plaudert. Doch wenn sie in die Stadt fährt – mir fällt auf, dass sie immer fährt, wenn sie einen Brief von einem Rechtsanwalt erhält, der Umschlag lässt keinen Irrtum zu –, kommt sie müde und verstört zurück, eine alte Frau von fünfunddreißig. Ich frage mich, wieso. Trotz der Geschmeidigkeit ihres Wesens braucht sie fast einen Tag, um wieder jung zu werden. Ich mag nicht, dass sie in die Stadt fährt; es ist seltsam, wie ich sie vermisse; wenn sie weg ist, kann ich mich nicht entsinnen, dass sie etwas Großartiges gesagt hat, doch sie spricht die ganze Zeit. Sie hat eine anmutige Art, den Ort mit ihrer Person auszufüllen, ihre bloße Gegenwart hat etwas Unterhaltsames. Wir hatten einmal einen verregneten Nachmittag; sie richtete mir ein paar Angelhaken als künstliche Fliegen her (ich werde keine von ihnen verwenden); ich beobachtete die Aufhellungen in ihrem Haar, wenn sie sich bewegte, es ist stellenweise ganz golden; nahe am linken Ohr hat sie einen winzigen Leberfleck und noch einen am linken Handgelenk. Am elften Tag erhielt sie einen Brief, doch fuhr sie nicht in die Stadt, sondern blieb den ganzen Tag oben in ihrem Zimmer;

but I had no excuse. I heard the landlady say as I passed the kitchen window: "Poor dear! I'm sorry to lose her!" Lose her? I should think not. It has come to this with me that I don't care to face any future without her; and yet I know nothing about her, not even if she is a free woman. I shall find that out the next time I see her. In the evening I catch a glimpse of her gown in the orchard, and I follow her. We sit down near the river. Her left hand is lying gloveless next to me in the grass.

"Do you think from what you have seen of me, that I would ask a question out of any mere impertinent curiosity?"

She starts. "No, I do not!"

I take up her hand and touch the ring. "Tell me, does this bind you to any one?"

I am conscious of a buzzing in my ears and a dancing blur of water and sky and trees, as I wait (it seems to me an hour) for her reply. I felt the same sensation once before, when I got drawn into some rapids and had an awfully narrow shave, but of that another time.

The voice is shaking.

"I am not legally bound to anyone, at least; but why do you ask?" She looks me square in the face as she speaks, with a touch of haughtiness I never saw in her before.

Perhaps the great relief I feel, the sense of joy at knowing she is free, speaks out of my face, for hers flushes and she drops her eyes, her lips tremble. I don't look at her again, but I can see her all the same. After a while she says –

"I half intended to tell you something about myself this evening, now I *must*. Let us go in. I shall

zwanzigmal war ich drauf und dran, ihr eine Nachricht zu schicken, hatte aber keinen Vorwand. Als ich am Küchenfenster vorüberging, hörte ich die Wirtin sagen: «Die Arme! Es tut mir leid, sie zu verlieren!» Sie verlieren? Das möchte ich doch nicht glauben. So weit ist es mit mir gekommen, dass ich keiner Zukunft ohne sie entgegensehen mag; dabei weiß ich nichts über sie, nicht einmal, ob sie ungebunden ist. Das kriege ich heraus, wenn ich sie nächstes Mal treffe. Abends erhasche ich im Obstgarten einen Schimmer von ihrem Kleid und folge ihr. Wir setzen uns in der Nähe des Flusses nieder. Ihre linke Hand liegt unbehandschuht neben mir im Gras.

«Glauben Sie, soweit Sie mich jetzt kennen, dass ich Sie aus reiner frecher Neugierde etwas fragen würde?»

Sie fährt zusammen. «Nein!»

Ich nehme ihre Hand hoch und berühre den Ring. «Sagen Sie mir, bindet der Sie an jemanden?»

Ich bin mir im Klaren, dass es in meinen Ohren summt und dass Wasser, Himmel und Bäume vage vor mir tanzen, während ich (was mir wie eine Stunde vorkommt) auf ihre Antwort warte. Das gleiche Gefühl hatte ich früher einmal, als ich in Stromschnellen gezogen wurde und elend knapp davonkam, doch davon ein andermal.

Die Stimme bebt jetzt.

«Zumindest bin ich nicht nach dem Gesetz an jemanden gebunden; doch warum fragen Sie?» Sie blickt mir, als sie spricht, mitten ins Gesicht, mit einem Anflug von Hochmut, den ich an ihr nie zuvor gesehen hatte.

Vielleicht spricht aus meinem Gesicht die große Erleichterung, die ich verspüre, das Gefühl der Freude darüber, dass ich sie frei weiß, denn sie errötet, senkt die Augen, und ihre Lippen zittern. Ich blicke sie nicht wieder an, kann sie aber trotzdem sehen. Nach einer Weile sagt sie:

«Ich hatte schon fast vor, Ihnen heute Abend etwas von mir zu erzählen; jetzt *muss* ich es tun. Gehen wir hinein! Ich

come down to the sitting-room after your supper."
She takes a long look at the river and the inn, as if
fixing the place in her memory; it strikes me with
a chill that there is a goodbye in her gaze. Her eyes
rest on me a moment as they come back, there is a
sad look in their grey clearness. She swings her little
grey gloves in her hand as we walk back. I can hear
her walking up and down overhead; how tired she
will be, and how slowly the time goes. I am standing at one side of the window when she enters; she
stands at the other, leaning her head against the
shutter with her hands clasped before her. I can hear
my own heart beating, and, I fancy, hers through the
stillness. The suspense is fearful. At length she says –

"You have been a long time out of England; you
don't read the papers?"

"No." A pause. I believe my heart is beating inside
my head.

"You asked me if I was a free woman. I don't
pretend to misunderstand why you asked me. I am
not a beautiful woman, I never was. But there must
be something about me, there is in some women,
'essential femininity' perhaps, that appeals to all
men. What I read in your eyes I have seen in many
men's before, but before God I never tried to rouse
it. Today (with a sob), I can say I am free, yesterday
morning I could not. Yesterday my husband gained
his case and divorced me!" She closes her eyes and
draws in her underlip to stop its quivering. I want
to take her in my arms, but I am afraid to.

"I did not ask you any more than if you were
free!"

"No, but I am afraid you don't quite take in the
meaning. I did not divorce my husband, he divorced

komme nach Ihrem Abendessen in den Aufenthaltsraum hinunter.» Sie wirft einen langen Blick auf den Fluss und das Gasthaus, als wolle sie den Ort ihrem Gedächtnis einprägen; es schaudert mich, dass in ihrem Blick ein Abschied liegt. Ihre Augen ruhen eine Weile auf mir, als sie aufblicken; in ihrer grauen Klarheit ist etwas Trauriges. Während wir zurückgehen, schwingt sie ihre kleinen grauen Handschuhe. Ich höre, wie sie über mir auf und ab schreitet; wie müde sie sein wird und wie langsam die Zeit vergeht. Ich stehe auf der einen Seite des Fensters, als sie hereinkommt; sie stellt sich auf die andere, lehnt den Kopf gegen den Fensterladen und hat die Hände vor sich verschränkt. Ich höre, wie mein eigenes Herz schlägt und auch ihres, stelle ich mir vor, durch die Stille hindurch. Die Spannung ist fürchterlich. Dann sagt sie:

«Sie haben sich lange außerhalb von England aufgehalten; Sie lesen wohl nicht die Zeitungen?»

«Nein.» Eine Pause. Ich glaube, dass mein Herz innerhalb meines Kopfes schlägt.

«Sie fragten mich, ob ich frei sei. Ich tue nicht so, als missverstünde ich, warum Sie mich fragten. Ich bin keine schöne Frau, war es nie. Doch es muss etwas an mir sein, was es bei einigen Frauen gibt, vielleicht ‹das eigentlich Frauliche›, das alle Männer anspricht. Was ich in Ihren Augen lese, habe ich in den Augen vieler Männer zuvor gesehen, doch ich habe nie versucht, Gott ist mein Zeuge, das zu ermuntern. Heute» (mit einem Seufzer) «kann ich sagen, dass ich frei bin; gestern früh konnte ich es nicht. Gestern hat mein Mann seinen Prozess gewonnen und sich von mir scheiden lassen!» Sie schließt die Augen und zieht die Unterlippe ein, um deren Beben zu verhindern. Ich will die Frau in die Arme nehmen, doch ich traue mich nicht.

«Ich habe Sie nur gefragt, ob Sie frei seien.»

«Nein, doch ich befürchte, Sie erkennen nicht ganz, worum es geht. Ich ließ mich nicht von meinem Mann schei-

me, he got a decree *nisi;* do you understand now? (she is speaking with difficulty), do you know what that implies?"

I can't stand her face any longer. I take her hands, they are icy cold, and hold them tightly.

"Yes, I know what it implies, that is, I know the legal and social conclusion to be drawn from it – if that is what you mean. But I never asked you for that information. I have nothing to do with your past. You did not exist for me before the day we met on the river. I take you from that day and I ask you to marry me."

I feel her tremble and her hands get suddenly warm. She turns her head and looks at me long and searchingly, then she says –

"Sit down, I want to say something!"

I obey, and she comes and stands next the chair. I can't help it, I reach up my arm, but she puts it gently down.

"No, you must listen without touching me, I shall go back to the window. I don't want to influence you a bit by any personal magnetism I possess. I want you to listen – I have told you he divorced me, the co-respondent was an old friend, a friend of my childhood, of my girlhood. He died just after the first application was made, luckily for me. He would have considered my honour before my happiness. *I* did not defend the case, it wasn't likely – ah, if you knew all? He proved his case; given clever counsel, willing witnesses to whom you make it worth while, and no defence, divorce is always attainable even in England. But remember: I figure as an adulteress in every English-speaking paper. If you buy last week's

den; er ließ sich von *mir* scheiden, er erhielt ein vorläufiges Scheidungsurteil; begreifen Sie jetzt?, » (sie spricht mit Mühe) «wissen Sie, was das besagt?»

Ich kann ihrem Gesicht nicht länger standhalten. Ich nehme ihre Hände, die eisig kalt sind und halte sie fest.

«Ja, ich weiß, was es besagt, das heißt, ich kenne die gesetzlichen und gesellschaftlichen Folgen davon – wenn es das ist, was Sie meinen. Doch um diese Auskunft habe ich Sie nicht gebeten. Mit Ihrer Vergangenheit habe ich nichts zu tun. Vor dem Tag, an dem wir uns am Fluss trafen, haben Sie für mich nicht gelebt. Für mich fängt alles mit dem Tag an, und ich bitte Sie, mich zu heiraten.»

Ich spüre, dass sie zittert und dass ihre Hände auf einmal warm werden. Sie wendet mir ihren Kopf zu, sieht mich lang und forschend an und sagt dann:

«Setzen Sie sich, ich möchte etwas sagen.»

Ich gehorche, und sie kommt und stellt sich neben den Stuhl. Ich kann nicht umhin, meinen Arm zu heben, doch sie nimmt ihn sanft herunter.

«Nein, Sie müssen zuhören, ohne mich anzurühren. Ich werde wieder ans Fenster gehen. Ich will Sie gar nicht beeinflussen durch meine etwaige persönliche Anziehungskraft. Ich will, dass Sie zuhören. Ich habe Ihnen gesagt, dass er sich scheiden ließ. Mitbeklagt war ein alter Freund, ein Freund meiner Kindheit, meiner Mädchenzeit. Er starb, zum Glück für mich, gerade nachdem der erste Antrag eingereicht war. Er hätte meine Ehre vor mein Glück gestellt. *Ich* habe die Klage nicht angefochten, sie war nicht schlüssig – ach, wenn Sie alles wüssten! Er brachte Beweise bei. Wenn jemand guten Rechtsbeistand und willige Zeugen hat, denen man Provision gibt, und wenn keine Verteidigung auftritt, dann ist sogar in England eine Scheidung stets erreichbar. Bedenken Sie bitte: Ich erscheine in jedem englischsprachigen Blatt als Ehebrecherin. Wenn Sie die Abendzeitungen der vergangenen Wo-

evening papers – do you remember the day I was in town?" – I nod – "you will see a sketch of me in that day's; someone, perhaps he, must have given it; it was from an old photograph. I bought one at Victoria as I came out; it is funny (with an hysterical laugh) to buy a caricature of one's own poor face at a news-stall. Yet in spite of that I have felt glad. The point for you is that I made no defence to the world, and (with a lifting of her head) I will make no apology, no explanation, no denial to you, now nor ever. I am very desolate and your attention came very warm to me, but I don't love you. Perhaps I could learn to (with a rush of colour), for what you have said tonight, and it is because of that I tell you to weigh what this means. Later, when your care for me will grow into habit, you may chafe at my past. It is from that I would save you."

I hold out my hands and she comes and puts them aside and takes me by the beard and turns up my face and scans it earnestly. She must have been deceived a good deal. I let her do as she pleases, it is the wisest way with women, and it is good to have her touch me in that way. She seems satisfied. She stands leaning against the arm of the chair and says –

"I must learn first to think of myself as a free woman again, it almost seems wrong today to talk like this; can you understand that feeling?"

I nod assent.

"Next time I must be sure, and you must be sure," she lays her fingers on my mouth as I am about to protest, "S-sh! You shall have a year to think. If you repeat then what you have said today, I shall give you your answer. You must

che kaufen – erinnern Sie sich an den Tag, an dem ich in der Stadt war?» – ich nicke –, «sehen Sie eine Zeichnung von mir in der Ausgabe jenes Tages; jemand, vielleicht er selber, muss sie hergegeben haben; sie stammte von einem alten Foto. Ich kaufte eine Zeitung beim Verlassen von Victoria-Station; es ist komisch,» (mit einem unbeherrschten Lachen) «sich an einem Zeitungsstand ein Zerrbild des eigenen armseligen Gesichts zu kaufen. Doch mir war trotzdem froh zumute. Der springende Punkt für Sie ist, dass ich mich vor der Welt nicht zur Wehr setzte, und ich werde» (sie hebt den Kopf) «Ihnen keine Entschuldigung, keine Erklärung, kein Dementi liefern, weder jetzt noch jemals. Ich bin sehr niedergeschlagen und Ihre Aufmerksamkeit hat mir sehr wohlgetan, doch ich liebe Sie nicht. Vielleicht könnte ich es lernen,» (mit einem Anflug von Farbe) «wegen dessen, was Sie heute Abend gesagt haben, und darum sage ich Ihnen auch, Sie sollten abwägen, was das bedeutet. Später, wenn Ihre mir geltende Aufmerksamkeit zum Alltag wird, reiben Sie sich vielleicht an meiner Vergangenheit. Davor möchte ich Sie bewahren.»

Ich strecke die Hände aus und sie kommt, schiebt sie beiseite, fasst mich am Bart, dreht mein Gesicht nach oben und mustert es ernsthaft. Sie muss arg enttäuscht worden sein. Ich lasse sie gewähren, das ist bei Frauen das Klügste, und es tut gut, dass sie mich auf diese Art berührt. Sie scheint zufrieden. An die Armlehne des Stuhles gelehnt, steht sie da und sagt:

«Ich muss erst wieder lernen, von mir als einer freien Frau zu denken, es scheint heute fast verkehrt zu sein, so zu reden; können Sie dieses Gefühl verstehen?»

Ich nicke zustimmend.

«Nächstes Mal muss ich mir sicher sein und Sie müssen sich sicher sein.» Sie legt mir die Finger auf den Mund, als ich zum Widerspruch ansetze: «Pst! Sie sollen ein Jahr Zeit zum Nachdenken haben. Wenn Sie dann wiederholen, was Sie heute gesagt haben, gebe ich Ihnen Antwort. Sie dürfen

not try to find me. I have money. If I am living, I will come here to you. If I am dead, you will be told of it. In the year between I shall look upon myself as belonging to you, and render an account if you wish of every hour. You will not be influenced by me in any way, and you will be able to reason it out calmly. If you think better of it, don't come."

I feel there would be no use trying to move her, I simply kiss her hands and say:

"As you will, dear woman, I shall be here."

We don't say any more; she sits down on a footstool with her head against my knee, and I just smooth it. When the clocks strike ten through the house, she rises and I stand up. I see that she has been crying quietly, poor lonely little soul. I lift her off her feet and kiss her, and stammer out my sorrow at losing her, and she is gone. Next morning the little maid brought me an envelope from the lady, who left by the first train. It held a little grey glove; that is why I carry it always, and why I haunt the inn and never leave it for longer than a week; why I sit and dream in the old chair that has a ghost of her presence always; dream of the spring to come with the May-fly on the wing, and the young summer when midges dance, and the trout are growing fastidious; when she will come to me across the meadow grass, through the silver haze, as she did before; come with her grey eyes shining to exchange herself for her little grey glove.

nicht versuchen, mich aufzuspüren. Ich habe Geld. Wenn ich am Leben bin, komme ich zu Ihnen hierher. Wenn ich tot bin, werden Sie benachrichtigt. In dem Jahr dazwischen betrachte ich mich als die Ihre; ich gebe Ihnen, wenn Sie es wollen, über jede Stunde Rechenschaft. Sie werden von mir in keiner Weise beeinflusst und können sich die Sache in aller Ruhe überlegen. Wenn Sie sich anders entscheiden, dann kommen Sie nicht.»

Ich habe das Gefühl, dass es zwecklos wäre, sie umstimmen zu wollen; ich küsse ihr einfach die Hände und sage:

«Wie Sie wollen, liebe Frau, ich werde hier sein.»

Wir sagen nichts weiter, sie lässt sich auf einem Schemel nieder, lehnt den Kopf gegen mein Knie, und ich streichle ihn nur. Als die Uhren im ganzen Haus zehn Uhr schlagen, steht sie auf, und ich auch. Ich sehe, dass sie leise geweint hat, die arme einsame kleine Seele. Ich hebe sie hoch und küsse sie und stammle meine Sorge heraus, sie zu verlieren, und weg ist sie. Am nächsten Morgen brachte mir das Dienstmädchen einen Umschlag von der Dame, die mit dem ersten Zug abgereist war. Er enthielt einen kleinen grauen Handschuh; darum trage ich ihn ständig bei mir, und darum suche ich immer wieder diesen Gasthof auf und verlasse ihn nie länger als eine Woche; darum sitze und träume ich in dem alten Stuhl, der eine Spur ihrer Gegenwart bewahrt; darum träume ich vom kommenden Frühling, wenn die Eintagsfliege ausschwärmt, und vom jungen Sommer, wenn die Mücken tanzen und die Forellen wählerisch werden; wenn *sie* über das Wiesengras, durch den silbernen Dunst kommt wie früher; wenn sie kommt, mit ihren grauen, strahlenden Augen, um sich selber gegen ihren kleinen grauen Handschuh einzutauschen.

Arthur Morrison
A Poor Stick

Mrs Jennings (or Jinnins, as the neighbours would have it) ruled absolutely at home, when she took so much trouble as to do anything at all there – which was less often than might have been. As for Robert her husband, he was a poor stick, said the neighbours. And yet he was a man with enough of hardihood to remain a non-unionist in the erectors' shop at Maidment's all the years of his service; no mean test of a man's fortitude and resolution, as many a sufferer for independent opinion might testify. The truth was that Bob never grew out of his courtship-blindness. Mrs Jennings governed as she pleased, stayed out or came home as she chose, and cooked a dinner or didn't, as her inclination stood. Thus it was for ten years, during which time there were no children, and Bob bore all things uncomplaining: cooking his own dinner when he found none cooked, and sewing on his own buttons. Then of a sudden came children, till in three years there were three; and Bob Jennings had to nurse and to wash them as often as not.

Mrs Jennings at this time was what is called rather a fine woman: a woman of large scale and full development; whose slatternly habit left her coarse black hair to tumble in snake-locks about her face and shoulders half the day; who, clad in half-hooked clothes, bore herself notoriously and unabashed in her fullness; and of whom ill things were said regarding the lodger. The gossips had their excuse. The lodger was an irregular young cabinet-maker, who lost quarters and halves and whole days; who had

Arthur Morrison
Ein armer Tropf

Mrs Jennings (oder Jinnins, wie die Nachbarn zu sagen pflegten) herrschte zu Hause unumschränkt, sobald sie sich so viel Mühe machte, dort überhaupt etwas zu tun – was weniger häufig der Fall war, als es hätte sein dürfen. Was Robert, ihren Mann, angeht, war er ein armer Tropf, sagten die Nachbarn. Und doch war er ein Mann mit genügend Mut, um in der Bauabteilung der Firma Maidment während der ganzen Jahre seiner Betriebszugehörigkeit kein Gewerkschaftsmitglied zu sein – kein geringer Maßstab für die Standfestigkeit und Entschlusskraft eines Mannes, wie mancher, der für eine unabhängige Meinung gelitten hat, bezeugen könnte. In Wahrheit entwuchs Bob nie der Blindheit seiner ersten Verliebtheit. Mrs Jennings regierte, wie es ihr gerade gefiel, blieb fort oder kam heim, ganz willkürlich, und kochte ein Essen oder auch nicht, wie sie eben aufgelegt war. So ging das über zehn Jahre, solange keine Kinder da waren, und Bob ertrug alles klaglos: kochte sich selbst das Essen, wenn er keines gekocht vorfand, und nähte sich selber die Knöpfe an. Dann kamen auf einmal Kinder, bis es in drei Jahren deren drei waren; und Bob Jennings musste sie sehr oft waschen und füttern.

Zu dieser Zeit war Mrs Jennings das, was man ironisch eine feine Frau nennt: eine Frau von großem Umfang und voll entwickelt, deren schlampige Gewohnheit es war, ihr struppiges, schwarzes Haar den halben Tag lang in schlangenförmigen Locken über Gesicht und Schultern fallen zu lassen; eine Frau, die, in halb zugehakte Kleider gehüllt, sich in ihrer Fülle übel und schamlos benahm, und von der man sich schlimme Dinge erzählte, was den Untermieter betraf. Die Klatschbasen hatten ihre Rechtfertigung. Der Untermieter war ein unsteter junger Kunsttischler, der viertel, halbe und ganze Tage vergeudete;

been seen abroad with his landlady, what time Bob Jennings was putting the children to bed at home; who on his frequent holidays brought in much beer, which he and the woman shared, while Bob was at work. To carry the tale to Bob would have been a thankless errand, for he would have none of anybody's sympathy, even in regard to miseries plain to his eye. But the thing got about in the workshop, and there his days were made bitter.

At home things grew worse. To return at half past five, and find the children still undressed, screaming, hungry and dirty, was a matter of habit: to get them food, to wash them, to tend the cuts and bumps sustained through the day of neglect, before lighting a fire and getting tea for himself, were matters of daily duty. "Ah," he said to his sister, who came at intervals to say plain things about Mrs Jennings, "you shouldn't go for to set a man agin 'is wife, Jin. Melier do'n' like work, I know, but that's nach'ral to 'er. She ought to married a swell 'stead o' me; she might 'a' done easy if she liked, bein' sich a fine gal; but she's good-'arted, is Melier; an' she can't 'elp bein' a bit thoughtless." Whereat his sister called him a fool (it was her customary goodbye at such times), and took herself off.

Bob Jennings's intelligence was sufficient for his common needs, but it was never a vast intelligence. Now, under a daily burden of dull misery, it clouded and stooped. The base wit of the workshop he comprehended less, and realized more slowly, than before; and the gaffer cursed him for a sleepy dolt.

Mrs Jennings ceased from any pretence of housewifery, and would sometimes sit – perchance not

den man mit seiner Hauswirtin auswärts gesehen hatte, zu einer Zeit, da Bob daheim gerade die Kinder zu Bett brachte; der an seinen vielen freien Tagen viel Bier ins Haus brachte, das er und die Frau gemeinsam tranken, während Bob in der Arbeit war. Bob diese Geschichte zu berichten, wäre ein undankbarer Botengang gewesen, denn er wollte niemandes Anteilnahme, nicht einmal in Bezug auf Nöte, die offenkundig waren. Doch die Geschichte sprach sich im Betrieb herum, und dort gestalteten sich die Tage für ihn bitter.

Zu Hause wurde alles schlimmer. Um halb sechs heimzukommen und die Kinder noch unbekleidet, schreiend, hungrig und schmutzig vorzufinden, war schon üblich; ihnen etwas zum Essen zu bereiten, sie zu waschen, die Schnitte und Beulen zu versorgen, die sie sich tagsüber infolge der Verwahrlosung zugezogen hatten, ehe er ein Feuer anzünden und sich selber Tee machen konnte, waren seine täglichen Pflichten. «Ach!», sagte er zu seiner Schwester, die dann und wann kam, um ihm die Meinung über Mrs Jennings zu sagen, «du solltest dich nicht bemühen, einen Mann gegen seine Frau aufzustacheln, Jin. Melier mag die Arbeit nicht, das weiß ich, aber das ist ihre Natur. Statt mich zu heiraten, hätte sie ein hohes Tier nehmen sollen; sie hätte es leicht können, wenn sie gewollt hätte, weil sie so ein feines Mädchen ist; aber sie ist gutmütig, die Melier; sie ist nur ein bisschen gedankenlos.» Woraufhin seine Schwester ihn einen Narren nannte (es war dann ihr üblicher Abschiedsgruß) und sich entfernte.

Bob Jennings Verstand reichte für seine gewöhnlichen Bedürfnisse aus, doch es war kein weitreichender Verstand. Jetzt, unter einer täglichen Last dumpfen Elends, verdüsterte er sich und ließ nach. Den niederträchtigen Witz im Betrieb erfasste er weniger und durchschaute er langsamer als zuvor; und der Vorarbeiter verfluchte Bob als schlafmützigen Tölpel.

Mrs Jennings gab sich nicht länger irgendwie den Anschein, Hausfrauenpflichten zu erledigen, und saß manchmal – viel-

quite sober – while Bob washed the children in
the evening, opening her mouth only to express
her contempt for him and his establishment, and
to make him understand that she was sick of both.
Once, exasperated by his quietness, she struck at
him, and for a moment he was another man. "Don't
do that, Melier," he said, "else I might forget myself." His manner surprised his wife: and it was
such that she never did do that again.

So was Bob Jennings: without a friend in the
world, except his sister, who chid him, and the children, who squalled at him: when his wife vanished
with the lodger, the clock, a shade of wax flowers,
Bob's best boots (which fitted the lodger), and his
silver watch. Bob had returned, as usual, to the dirt
and the children, and it was only when he struck a
light that he found the clock was gone.

"Mummy tooked ve t'ock," said Milly, the eldest
child, who had followed him in from the door, and
now gravely observed his movements. "She tooked
ve t'ock an' went ta-ta. An' she tooked ve fyow-
ers."

Bob lit the paraffin lamp with the green glass
reservoir, and carried it and its evil smell about
the house. Some things had been turned over and
others had gone, plainly. All Melier's clothes were
gone. The lodger was not in, and under his bedroom
window, where his boy had stood, there was naught
but an oblong patch of conspicuously clean wallpaper.
In a muddle of doubt and perplexity, Bob found
himself at the front door, staring up and down the
street. Divers women-neighbours stood at their
doors, and eyed him curiously; for Mrs Webster,
moralist, opposite, had not watched the day's pro-

leicht nicht ganz nüchtern – da, während Bob abends die Kinder wusch; sie machte den Mund nur auf, um ihre Verachtung für ihn und seine Firma auszudrücken und ihm zu verstehen zu geben, dass sie beide satthatte. Als sie einmal über seine Ruhe aufgebracht war, schlug sie nach ihm, und einen Augenblick lang war er ein anderer Mann. «Tu das nicht, Melier», sagte er, «sonst könnte ich mich vergessen.» Sein Verhalten überraschte seine Frau: Es war so, dass sie es tatsächlich nie wieder tat.

So war Bob Jennings: ohne einen Freund auf der Welt, außer seiner Schwester, die ihn ausschalt, und die Kinder, die ihn anblafften: als seine Frau mit dem Untermieter verschwand, und mit ihnen die Wanduhr, eine Blende aus Wachsblumen, Bobs beste Stiefel (die dem Untermieter passten) sowie seine silberne Taschenuhr. Bob war, wie üblich, in den Schmutz und zu den Kindern zurückgekommen, und erst, als er Licht machte, merkte er, dass die Wanduhr weg war.

«Mami hat die Uhr mitgenehmt», sagte Milly, das älteste Kind, die von der Tür aus hinter ihm dreinging und jetzt ernsthaft seine Bewegungen beobachtete. «Sie hat die Uhr mitgenehmt un ist auf Widdesehn gegang. Un sie hat die Blumen mitgenehmt.»

Bob entzündete die Öllampe mit dem grünen Glasbehälter und trug sie und ihren üblen Geruch im Haus umher. Einige Dinge waren umgeworfen worden und andere waren einfach weg. Alle Kleider Meliers waren fort. Der Untermieter war nicht zu Hause, und unter seinem Schlafzimmerfenster, wo seine Kiste gestanden hatte, war nichts als ein länglicher Fleck auffällig sauberer Tapete. In einem Durcheinander von Zweifel und Bestürzung befand sich Bob an der Haustür, wo er die Straße auf und ab starrte. Etliche Frauen aus der Nachbarschaft standen an ihren Türen und beäugten ihn neugierig; denn Mrs Webster, Moralistin, gegenüber wohnend, hatte die Vorgänge des Tages (und die vieler anderer Tage) nicht um-

ceeding (nor those of many other days) for nothing, nor had she kept her story to herself.

He turned back into the house, a vague notion of what had befallen percolating feebly through his bewilderment. "I dunno – I dunno," he faltered, rubbing his ear. His mouth was dry, and he moved his lips uneasily, as he gazed with aimless looks about the walls and ceiling. Presently his eyes rested on the child, and "Milly," he said decisively, "come an 'ave yer face washed."

He put the children to bed early, and went out. In the morning, when his sister came, because she had heard the news in common with everybody else, he had not returned. Bob Jennings had never lost more than two quarters in his life, but he was not seen at the workshop all this day. His sister stayed in the house, and in the evening, at his regular homing-time, he appeared, haggard and dusty, and began his preparations for washing the children. When he was made to understand that they had been already attended to, he looked doubtful and troubled for a moment. Presently he said: "I ain't found 'er yet, Jin; I was in 'opes she might 'a' bin back by this. I – I don't expect she'll be very long. She was alwis a bit larky, was Melier; but very good-'arted."

His sister had prepared a strenuous lecture on the theme of "I told you so"; but the man was so broken, so meek, and so plainly unhinged in his faculties, that she suppressed it. Instead, she gave him comfortable talk, and made him promise in the end to sleep that night, and take up his customary work in the morning.

He did these things, and could have worked

sonst beobachtet und hatte ihre Geschichte auch nicht für sich behalten.

Er kehrte ins Haus zurück, wobei eine verschwommene Vorstellung von dem, was vorgefallen war, schwach durch seine Bestürzung sickerte. «Ich weiß nicht – ich weiß nicht», stammelte er und rieb sich am Ohr. Sein Mund war trocken. Bob bewegte unruhig die Lippen und sah mit ziellosen Blicken auf die Wände und die Decke. Bald ruhten seine Augen auf dem Kind und er sagte entschlossen: «Milly, komm und lass dir das Gesicht waschen!»

Er brachte die Kinder früh zu Bett und ging aus. Am Morgen, als seine Schwester kam, weil sie die Neuigkeit ebenso wie jedermann sonst gehört hatte, war er nicht zurückgekehrt. Bob Jennings hatte in seinem Leben nie mehr als zwei Vierteltage versäumt, doch man sah ihn an diesem ganzen Tag nicht im Betrieb. Seine Schwester blieb im Haus, und abends erschien er zu seiner regelmäßigen Rückkehrzeit, verstört und staubig, und begann seine Vorbereitungen für das Waschen der Kinder. Als ihm zu verstehen gegeben wurde, dass sie schon versorgt worden waren, schaute er einen Augenblick lang zweifelnd und verwirrt drein. Dann sagte er: «Ich hab sie noch nicht gefunden, Jin; ich hatte gehofft, sie könnte inzwischen daheim sein. Ich – ich rechne nicht damit, dass sie sehr lang ausbleibt. Sie war immer schon ein bisschen zu Spaßen aufgelegt, meine Melier, aber sehr gutherzig.»

Seine Schwester hatte eine Gardinenpredigt zum Thema «Ich hab' dir's ja gesagt» vorbereitet; aber der Mann war so fertig, so sanftmütig und in seinen Wahrnehmungsfähigkeiten so offenkundig aus dem Gleichgewicht geraten, dass sie sich diese Predigt verkniff. Stattdessen sprach sie ihm wohltuenden Trost zu und nahm ihm schließlich das Versprechen ab, in der kommenden Nacht zu schlafen und am Morgen seine gewohnte Arbeit aufzunehmen.

Er tat das alles und hätte ziemlich gelassen arbeiten können,

placidly enough had he but been alone; but the tale had reached the workshop, and there was no lack of brutish chaff to disorder him. This the decenter men would have no part in, and even protested against. But the ill-conditioned kept their way, till, at the cry of "Bell O!" when all were starting for dinner, one of the worst shouted the cruellest gibe of all. Bob Jennings turned on him and knocked him over a scrap-heap.

A shout went up from the hurrying workmen, with a chorus of "Serve ye right," and the fallen joker found himself awkwardly confronted by the shop bruiser. But Bob had turned to a corner, and buried his eyes in the bend of his arm, while his shoulders heaved and shook.

He slunk away home, and stayed there: walking restlessly to and fro, and often peeping down the street from the window. When, at twilight, his sister came again, he had become almost cheerful, and said with some briskness: "I'm agoin' to meet 'er, Jin, at seven. I know where she'll be waitin'."

He went upstairs, and after a little while came down again in his best black coat, carefully smoothing a tall hat of obsolete shape with his pocket-handkerchief. "I ain't wore it for years," he said. "I ought to 'a' wore it – it might 'a' pleased 'er. She used to say she wouldn't walk with me in no other – when I used to meet 'er in the evenin', at seven o'clock." He brushed assiduously, and put the hat on. "I'd better 'ave a shave round the corner as I go along," he added, fingering his stubbly chin.

He received as one not comprehending his sister's persuasion to remain at home; but when he went

wäre er nur allein gewesen; doch die Geschichte war im Betrieb bekannt geworden, und es gab keinen Mangel an grober Neckerei, um ihn aus der Fassung zu bringen. Die ordentlicheren Leute beteiligten sich nicht daran und wendeten sich sogar dagegen. Doch die boshaften setzten sich durch, bis beim Ruf «Brotzeit!», als alle zum Essen aufbrachen, einer der übelsten den grausamsten Spott von allen brüllte. Bob Jennings fiel über den Mann her und schlug ihn über einem Abfallhaufen nieder.

Es erhob sich ein Geschrei unter den dahinhastenden Arbeitern, die im Chor riefen: «Geschieht dir recht!», und der gefallene Witzbold bekam es peinlicherweise auch mit dem Betriebsboxer zu tun. Doch Bob hatte sich in eine Ecke verzogen und begrub die Augen in seiner Armbeuge, während seine Schultern sich zitternd hoben und senkten.

Er schlich sich nach Hause fort und blieb dort. Rastlos ging er auf und ab und spähte oft vom Fenster aus die Straße entlang. Als seine Schwester in der Dämmerung wiederkam, war er fast heiter geworden und sagte mit einer gewissen Forschheit: «Ich werde sie treffen, Jin, um sieben. Ich weiß, wo sie warten wird.»

Er ging die Treppe hinauf und kam nach einer Weile in seinem besten schwarzen Rock wieder herunter; dabei glättete er einen Zylinder, dessen Form aus der Mode gekommen war, mit seinem Taschentuch. «Ich hab' ihn jahrelang nicht getragen», sagte er. «Ich hätt' ihn tragen sollen – er hätt' ihr vielleicht gefallen. Sie sagte immer, wenn ich sie abends um sieben Uhr traf, sie würde nicht mit mir gehen, wenn ich einen anderen aufsetzte.» Er bürstete eifrig und setzte den Hut auf. «Ich sollte mich lieber unterwegs an der Ecke rasieren lassen», fügte er hinzu und fingerte dabei an seinem Stoppelkinn herum.

Den Überredungsversuch seiner Schwester, zu Hause zu bleiben, nahm er auf wie einer, der nicht begreift; doch als

she followed at a little distance. After his penny shave he made for the main road, where company-keeping couples walked up and down all evening. He stopped at a church, and began pacing slowly to and fro before it, eagerly looking out each way as he went.

His sister watched him for nearly half an hour, and then went home. In two hours more she came back with her husband. Bob was still there, walking to and fro.

"'Ullo, Bob," said his brother-in-law; "come along 'ome an' get to bed. You'll be awright in the mornin'."

"She ain't turned up," Bob complained, "or else I've missed 'er. This is the reg'lar place – where I alwis used to meet 'er. But she'll come tomorrer. She used to leave me in the lurch sometimes, bein' nach'rally larky. But very good-'arted, mindjer; very good-'arted."

She did not come the next evening, nor the next, nor the evening after, nor the one after that. But Bub Jennings, howbeit depressed and anxious, was always confident. "Somethink's prevented 'er tonight," he would say, "but she'll come tomorrer. … I'll buy a blue tie tomorrer – she used to like me in a blue tie. I won't miss 'er tomorrer. I'll come a little earlier."

So it went. The black coat grew ragged in the service, and hobbledehoys, finding him safe sport, smashed the tall hat over his eyes time after time. He wept over the hat, and straightened it as best he might. Was she coming? Night after night, and night and night. But tomorrow. …

er ging, folgte sie ihm in geringer Entfernung. Nach seiner Schnellrasur begab er sich zur Hauptstraße, wo den ganzen Abend Paare, die sich Gesellschaft leisteten, auf und ab gingen. An einer Kirche blieb er stehen und begann, langsam davor auf und ab zu gehen, wobei er jeden Weg gespannt im Auge behielt.

Seine Schwester beobachtete ihn nahezu eine halbe Stunde lang; dann ging sie nach Hause. Weitere zwei Stunden später kam sie mit ihrem Mann zurück. Bob war noch immer da und ging auf und ab.

«Hallo, Bob», sagte sein Schwager; «komm mit nach Hause und geh ins Bett! Am Morgen wirst du dann auf dem Damm sein.»

«Sie ist nicht aufgetaucht», klagte Bob, «oder aber ich habe sie verfehlt. Das ist der gewohnte Ort – wo ich sie immer getroffen habe. Aber sie wird morgen kommen. Manchmal hat sie mich versetzt, weil sie natürlich ausgelassen ist. Aber sehr gutmütig, merk dir das; sehr gutmütig.»

Sie kam am nächsten Abend nicht, nicht am drauffolgenden, nicht am Abend danach und auch nicht am weiteren Abend danach. Doch wie niedergeschlagen und besorgt Bob auch war, stets war er zuversichtlich. «Irgendwas hat sie heute abgehalten», sagte er immer, «aber morgen wird sie kommen ... Ich werde mir morgen eine blaue Krawatte kaufen – sie hat mich immer gern mit einer blauen Krawatte gesehen. Morgen werde ich sie nicht verfehlen. Ich werde ein bisschen früher kommen.»

So ging es weiter. Der schwarze Rock wurde im Dienst ausgefranst, und freche Halbwüchsige, die Bob für einen hielten, der nichts übel nahm, schlugen ihm den Zylinder ein ums andere Mal über die Augen. Er weinte über den Hut und glättete ihn, so gut er konnte. Kam sie jetzt? Abend um Abend, Abend um Abend. Aber morgen ...

George Gissing
The Prize Lodger

The ordinary West-End Londoner – who is a citizen of no city at all, but dwells amid a mere conglomerate of houses at a certain distance from Charing Cross – has known a fleeting surprise when, by rare chance, his eye fell upon the name of some such newspaper as the *Battersea Times,* the *Camberwell Mercury,* or the *Islington Gazette.* To him, these and the like districts are nothing more than compass points of the huge metropolis. He may be in practice acquainted with them; if historically inclined, he may think of them as old-time villages swallowed up by insatiable London; but he has never grasped the fact that in Battersea, Camberwell, Islington, there are people living who name these places as their home; who are born, subsist, and die there as though in a distinct town, and practically without consciousness of its obliteration in the map of a world capital.

The stable element of this population consists of more or less old-fashioned people. Round about them is the ceaseless coming and going of nomads who keep abreast with the time, who take their lodgings by the week, their houses by the month; who camp indifferently in regions old and new, learning their geography in train and tram-car. Abiding parishioners are wont to be either very poor or established in a moderate prosperity; they lack enterprise, either for good or ill: if comfortably off, they owe it, as a rule, to some predecessor's exertion. And for the most part, though little enough

George Gissing
Der hochgeschätzte Untermieter

Der gewöhnliche Londoner aus dem West-End – der überhaupt nicht Bürger einer Stadt ist, sondern inmitten einer bloßen Anhäufung von Häusern in einer gewissen Entfernung von Charing Cross wohnt – hat immer schon ein flüchtiges Erstaunen erlebt, wenn durch einen seltenen Zufall sein Blick auf den Namen einer Zeitung wie die *Battersea Times*, den *Camberwell Mercury* oder die *Islington Gazette* fiel. Für ihn sind diese und ähnliche Bezirke nichts weiter als Kompasspunkte der riesigen Hauptstadt. Er ist vielleicht in Wirklichkeit mit ihnen vertraut; wenn er Sinn für Geschichte hat, mag er in ihnen einstige Dörfer sehen, die von dem unersättlichen London geschluckt worden sind; doch er hat nie die Tatsache erfasst, dass in Battersea, Camberwell, Islington Leute wohnen, die diese Orte ihre Heimat nennen, die, wie in einer eigenen Stadt, dort geboren sind, ihren Lebensunterhalt verdienen und sterben, ohne dass ihnen wirklich bewusst wird, dass diese ihre Stadt in einer Weltstadt aufgegangen ist.

Das stabile Element dieser Bevölkerung besteht aus mehr oder weniger altmodischen Leuten. Um sie herum herrscht das ständige Kommen und Gehen von Nomaden, die mit der Zeit Schritt halten, die ihre möblierten Wohnungen wochenweise, ihre Häuser monatsweise mieten, die sich bald in alten, bald in neuen Gegenden aufhalten und sich ihre Landeskunde in Zug und Straßenbahn aneignen. Sesshafte Gemeindemitglieder pflegen entweder sehr arm zu sein oder sich eines mäßigen Wohlstands zu erfreuen; ihnen fehlt die Unternehmungslust, zum Guten wie zum Bösen: Sind sie wohlhabend, so verdanken sie es in der Regel der Anstrengung eines Vorfahren. Und obschon die meisten in nur geringem Maß mit

endowed with the civic spirit, they abundantly pride themselves on their local permanence.

Representative of this class was Mr Archibald Jordan, a native of Islington, and, at the age of five-and-forty, still faithful to the streets which he had trodden as a child. His father started a small grocery business in Upper Street; Archibald succeeded to the shop, advanced soberly, and at length admitted a partner, by whose capital and energy the business was much increased. After his thirtieth year Mr Jordan ceased to stand behind the counter. Of no very active disposition, and but moderately set on gain, he found it pleasant to spend a few hours daily over the books and the correspondence, and for the rest of his time to enjoy a gossipy leisure, straying among the acquaintances of a lifetime, or making new in the decorous bar-parlours, billiard-rooms, and other such retreats which allured his bachelor liberty. His dress and bearing were unpretentious, but impressively respectable; he never allowed his garments (made by an Islington tailor, an old schoolfellow) to exhibit the least sign of wear, but fashion affected their style as little as possible. Of middle height, and tending to portliness, he walked at an unvarying pace, as a man who had never known undignified hurry; in his familiar thoroughfares he glanced about him with a good-humoured air of proprietorship, or with a look of thoughtful criticism for any changes that might be going forward. No one had ever spoken flatteringly of his visage; he knew himself a very homely-featured man, and accepted the fact, as something that had neither favoured nor hindered him in life. But it was his conviction that no man's eye had a

Bürgersinn ausgestattet sind, sind sie doch mächtig stolz auf ihre Ansässigkeit.

Bezeichnend für diese Schicht war Mr Archibald Jordan, aus Islington stammend und noch als Fünfundvierzigjähriger in Treue den Straßen zugetan, auf denen er als Kind herumgestapft war. Sein Vater eröffnete einen kleinen Gemischtwarenladen in der Upper Street; Archibald erbte den Laden, brachte ihn mäßig voran und nahm schließlich einen Partner auf, durch dessen Kapital und Tatkraft das Geschäft beträchtlich ausgeweitet wurde. Nach seinem dreißigsten Lebensjahr hörte Mr Jordan auf, hinter dem Ladentisch zu stehen. Da er von Natur aus nicht sehr rührig und nur mäßig auf Gewinn bedacht war, fand er es angenehm, täglich ein paar Stunden über den Büchern und der Post zu sitzen und in seiner übrigen Zeit ein Leben schwatzender Muße zu genießen; er bummelte zu Bekannten, die er schon immer kannte, oder er machte neue Bekanntschaften in den honorigen Schankstuben, Billardräumen und ähnlichen Zufluchtsorten, die seine Junggesellenfreiheit reizten. Seine Kleidung und sein Auftreten waren bescheiden, doch beeindruckend korrekt. Er ließ nie zu, dass seine Kleidung (angefertigt von einem Schneider aus Islington, einem alten Schulkameraden) das geringste Anzeichen von Abnutzung aufwies, aber die Mode beeinflusste ihren Stil so wenig wie möglich. Mittelgroß und zu Beleibtheit neigend, bewegte er sich gemessenen Schrittes wie einer, der nie unziemliche Hast gekannt hatte; in seinen vertrauten Straßen blickte er mit wohlgelaunter Besitzermiene um sich, oder ein nachdenklich-kritischer Blick galt irgendwelchen Veränderungen, die vielleicht gerade geschahen. Niemand hatte sich jemals schmeichelhaft über sein Gesicht geäußert; er wusste selber, dass seine Züge recht reizlos waren, und nahm das hin als etwas, das ihn im Leben weder begünstigt noch behindert hatte. Doch er war überzeugt, dass keines Mannes Auge über eine größere Macht feierlichen und über-

greater power of solemn and overwhelming rebuke, and this gift he took a pleasure in exercising, however trivial the occasion.

For five-and-twenty years he had lived in lodgings; always within the narrow range of Islington respectability, yet never for more than a twelvemonth under the same roof. This peculiar feature of Mr Jordan's life had made him a subject of continual interest to local landladies, among whom were several lifelong residents, on friendly terms of old time with the Jordan family. To them it seemed an astonishing thing that a man in such circumstances had not yet married; granting this eccentricity, they could not imagine what made him change his abode so often. Not a landlady in Islington but would welcome Mr Jordan in her rooms, and, having got him, do her utmost to prolong the connection. He had been known to quit a house on the paltriest excuse, removing to another in which he could not expect equally good treatment. There was no accounting for it: it must be taken as an ultimate mystery of life, and made the most of as a perennial topic of neighbourly conversation.

As to the desirability of having Mr Jordan for a lodger there could be no difference of opinion among rational womankind. Mrs Wiggins, indeed, had taken his sudden departure from her house so ill that she always spoke of him abusively; but who heeded Mrs Wiggins? Even in the sadness of hope deferred, those ladies who had entertained him once, and speculated on his possible return, declared Mr Jordan a "thorough gentleman". Lodgers, as a class, do not recom-

wältigenden Tadels verfügte, und von dieser Gabe machte er gern Gebrauch, mochte die Gelegenheit noch so belanglos sein.

Fünfundzwanzig Jahre lang hatte er in möblierten Zimmern gelebt; immer innerhalb des engen Bereichs der Ehrbarkeit von Islington, doch nie länger als ein Jahr unter demselben Dach. Diese besondere Eigenschaft in Mr Jordans Leben hatte ihn für Pensionswirtinnen des Ortes zum Gegenstand anhaltender Aufmerksamkeit gemacht. Unter diesen Damen waren mehrere lebenslang Ortsansässige, die seit alters her freundschaftlich mit der Familie Jordan verkehrten. Sie fanden es erstaunlich, dass ein Mann in solchen Verhältnissen noch nicht geheiratet hatte. Sie nahmen diese Absonderlichkeit zwar hin, konnten sich aber nicht vorstellen, was ihn so häufig seine Bleibe wechseln ließ. Es gab keine Pensionswirtin in Islington, die Mr Jordan nicht in ihren Räumen willkommen heißen und, sobald sie ihn einmal beim Wickel hatte, ihr Äußerstes tun würde, um die Verbindung zu verlängern. Es war bekannt, dass er ein Haus unter dem fadenscheinigsten Vorwand verließ und in ein anderes zog, in dem er keine gleich gute Behandlung erwarten konnte. Darüber ließ sich nicht streiten: Es musste als ein tiefstes Lebensgeheimnis hingenommen werden und wurde als Dauergesprächsstoff unter Nachbarn nach Kräften ausgenützt.

Es konnte keine Meinungsverschiedenheit unter vernünftigen Frauen bestehen hinsichtlich der Tatsache, dass es wünschenswert sei, Mr Jordan als Zimmerherrn zu haben. Mrs Wiggins hatte sein plötzliches Verlassen ihres Hauses so übel genommen, dass sie stets abschätzig von ihm sprach; doch wer hörte schon auf Mrs Wiggins? Selbst in der Traurigkeit vertagter Hoffnung erklärten die Damen, die ihn einmal beherbergt hatten und mit seiner möglichen Rückkehr rechneten, Mr Jordan sei ein «Gentleman durch und durch». Als Klasse genommen, empfehlen sich Untermieter in Islington

mend themselves in Islington; Mr Jordan shone
against the dusky background with almost dazzling splendour. To speak of lodgers as of cattle,
he was a prize creature. A certain degree of
comfort he firmly exacted; he might be a trifle
fastidious about cooking; he stood upon his dignity; but no one could say that he grudged reward
for service rendered. It was his practice to pay
more than the landlady asked. "Twenty-five shillings a week, you say? I shall give you twenty-eight. *But* –" and with raised forefinger he went
through the catalogue of his demands. Everything must be done precisely as he directed; even
in the laying of his table he insisted upon certain
minute peculiarities, and to forget one of them
was to earn that gaze of awful reprimand which
Mr Jordan found (or thought) more efficacious
than any spoken word. Against this precision
might be set his strange indulgence in the matter
of bills; he merely regarded the total, was never
known to dispute an item. Only twice in his
long experience had he quitted a lodging because
of exorbitant charges, and on these occasions he
sternly refused to discuss the matter. "Mrs Hawker,
I am paying your account with the addition of
one week's rent. Your rooms will be vacant at
eleven o'clock tomorrow morning." And until
the hour of departure no entreaty, no prostration,
could induce him to utter a syllable.

It was on the 1st of June, 1889, his forty-fifth
birthday, that Mr Jordan removed from quarters
he had occupied for ten months, and became a
lodger in the house of Mrs Elderfield.

Mrs Elderfield, a widow, aged three-and-thirty,

nicht ohne Weiteres; vor diesem trüben Hintergrund hob sich Mr Jordan mit geradezu grellem Glanz ab. Spräche man von Untermietern so, wie man von Vieh spricht, dann war er ein preiswürdiges Geschöpf. Ein gewisses Maß an Bequemlichkeit verlangte er mit Nachdruck; hinsichtlich der Küche mochte er ein bisschen wählerisch sein; er bestand auf seiner Würde; doch niemand konnte sagen, er entlohne geleistete Dienste nur widerwillig. Es war bei ihm üblich, dass er mehr zahlte, als die Pensionswirtin verlangte. «Fünfundzwanzig Schilling wöchentlich, sagen Sie? Ich werde Ihnen achtundzwanzig geben. *Aber* –», und mit erhobenem Zeigefinger ging er die Liste seiner Forderungen durch. Alles musste genau so getan werden, wie er es anordnete; selbst in der Art, wie ihm der Tisch gedeckt wurde, bestand er auf gewissen geringfügigen Besonderheiten, und eine von diesen zu vergessen, bedeutete, mit jenem Blick bedacht zu werden, der entsetzlichen Tadel ausdrückte – jenem Blick, von dem Mr Jordan befand (oder glaubte), er sei wirksamer als jedes gesprochene Wort. Dieser Genauigkeit könnte seine seltsame Nachsicht entgegengehalten werden, sobald es um Rechnungen ging; er sah nur auf die Gesamtsumme, und man hatte nie erlebt, dass er einen einzelnen Posten in Zweifel zog. Nur zweimal in seiner langen Erfahrung hatte er möblierte Zimmer wegen übertriebener Forderungen verlassen; in diesen Fällen weigerte er sich strikt, die Sache zu erörtern. «Mrs Hawker, ich bezahle Ihre Rechnung und lege noch eine Wochenmiete drauf. Ihre Zimmer werden morgen Vormittag ab elf Uhr frei sein.» Und bis zur Stunde des Auszugs konnte keine flehende Bitte und kein Fußfall ihn bewegen, eine Silbe zu äußern.

Am 1. Juni 1889, seinem fünfundvierzigsten Geburtstag, zog Mr Jordan aus dem Quartier aus, das er zehn Monate lang bewohnt hatte, und wurde Untermieter in Mrs Elderfields Haus.

Mrs Elderfield, eine dreiunddreißigjährige Witwe mit

with one little girl, was but a casual resident in Islington; she knew nothing of Mr Jordan, and made no inquiries about him. Strongly impressed, as every woman must needs be, by his air and tone of mild authority, she congratulated herself on the arrival of such an inmate; but no subservience appeared in her demeanour; she behaved with studious civility, nothing more. Her words were few and well chosen. Always neatly dressed, yet always busy, she moved about the house with quick, silent step, and cleanliness marked her path. The meals were well cooked, well served. Mr Jordan being her only lodger, she could devote to him an undivided attention. At the end of his first week the critical gentleman felt greater satisfaction than he had ever known.

The bill lay upon his table at breakfast-time. He perused the items, and, much against his habit, reflected upon them. Having breakfasted, he rang the bell.

"Mrs Elderfield –"

He paused, and looked gravely at the widow. She had a plain, honest, healthy face, with resolute lips, and an eye that brightened when she spoke; her well-knit figure, motionless in its respectful attitude, declared a thoroughly sound condition of the nerves.

"Mrs Elderfield, your bill is so very moderate that I think you must have forgotten something."

"Have you looked it over, sir?"

"I never trouble with the details. Please examine it."

"There is no need, sir. I never make a mistake."

"I said, Mrs Elderfield, please *examine* it."

She seemed to hesitate, but obeyed.

einem Töchterchen, wohnte nur zufällig in Islington; sie wusste nichts von Mr Jordan und holte keine Erkundigungen über ihn ein. Da sie von seinem Auftreten und seinem Ton sanfter Autorität stark beeindruckt war, wie jede Frau es notgedrungen sein musste, beglückwünschte sie sich zu der Ankunft eines solchen Zimmerherrn; doch in ihrem Verhalten wurde keine Unterwürfigkeit sichtbar; sie benahm sich beflissen höflich, nichts weiter. Sie sprach wenig, aber mit Bedacht. Stets ordentlich gekleidet, doch immer beschäftigt, bewegte sie sich rasch und geräuschlos im Haus, und Sauberkeit kennzeichnete ihren Weg. Die Mahlzeiten waren gut gekocht und wurden gut serviert. Da Mr Jordan Mrs Elderfields einziger Untermieter war, konnte sie ihm ungeteilte Aufmerksamkeit zuwenden. Am Ende seiner ersten Woche empfand der genaue Herr eine größere Befriedigung, als er je gekannt hatte.

Zur Frühstückszeit lag die Rechnung auf seinem Tisch. Er überflog die einzelnen Posten und dachte, sehr gegen seine Gewohnheit, darüber nach. Nachdem er gefrühstückt hatte, klingelte er.

«Mrs Elderfield –»

Er machte eine Pause und blickte die Witwe ernst an. Sie hatte ein einfaches, ehrliches, gesundes Gesicht, mit entschlossenen Lippen, ein Auge, das strahlte, wenn sie sprach; ihre kräftige Gestalt, die in ihrer ehrerbietigen Haltung keine Regung zeigte, bestätigte eine durch und durch gesunde nervliche Verfassung.

«Mrs Elderfield, Ihre Rechnung ist so überaus mäßig, dass ich glaube, Sie müssen etwas vergessen haben.»

«Haben Sie sie durchgesehen, Sir?»

«Ich kümmere mich nie um die Einzelheiten. Bitte prüfen Sie sie nach.»

«Das ist nicht nötig, Sir. Ich mache nie einen Fehler.»

«Ich sagte: ‹Mrs Elderfield, bitte *prüfen* Sie sie *nach*.›»

Sie schien zu zögern, gehorchte aber.

"The bill is quite correct, sir."

"Thank you."

He paid it at once and said no more.

The weeks went on. To Mr Jordan's surprise, his landlady's zeal and efficiency showed no diminution, a thing unprecedented in his long and varied experience. After the first day or two he had found nothing to correct; every smallest instruction was faithfully carried out. Moreover, he knew for the first time in his life the comfort of absolutely clean rooms. The best of his landladies hitherto had not risen above that conception of cleanliness which is relative to London soot and fog. His palate, too, was receiving an education. Probably he had never eaten of a joint rightly cooked, or tasted a potato boiled as it should be; more often than not, the food set before him had undergone a process which left it masticable indeed, but void of savour and nourishment. Many little attentions of which he had never dreamed kept him in a wondering cheerfulness. And at length he said to himself: "Here I shall stay."

Not that his constant removals had been solely due to discomfort and a hope of better things. The secret – perhaps not entirely revealed even to himself – lay in Mr Jordan's sense of his own importance, and his uneasiness whenever he felt that, in the eyes of a landlady, he was becoming a mere everyday person – an ordinary lodger. No sooner did he detect a sign of this than he made up his mind to move. It gave him the keenest pleasure of which he was capable when, on abruptly announcing his immediate departure, he perceived the landlady's profound mortification. To make the blow heavier

«Die Rechnung ist ganz in Ordnung, Sir.»
«Ich danke Ihnen.»
Er beglich sie sofort und sagte nichts mehr.

Die Wochen vergingen. Zu Mr Jordans Überraschung ließen der Eifer und die Tüchtigkeit seiner Hauswirtin kein Nachlassen erkennen – das war in seiner langen und vielfältigen Erfahrung ohne Beispiel. Nach dem ersten oder dem zweiten Tag hatte er nichts zu beanstanden gefunden; jede kleinste Anweisung wurde gewissenhaft ausgeführt. Außerdem lernte er zum ersten Mal in seinem Leben die Bequemlichkeit völlig sauberer Zimmer kennen. Bislang hatten die besten seiner Wirtinnen sich nicht über jene Vorstellung von Reinlichkeit erhoben, die durch den Londoner Ruß und Nebel bedingt ist. Auch Mr Jordans Gaumen wurde jetzt geschult. Wahrscheinlich hatte Mr Jordan nie von einer richtig zubereiteten Keule gegessen oder eine Kartoffel gekostet, die gekocht war, wie es sich gehörte; meistens hatte das Essen, das er vorgesetzt bekam, eine Entwicklung durchgemacht, durch die es zwar kaubar wurde, doch keinen Geschmack und Nährwert mehr hatte. Viele kleine Aufmerksamkeiten, die er sich nicht erträumt hatte, hielten ihn verwundert in guter Laune. Und schließlich sagte er sich: «Hier werde ich bleiben.»

Nicht, dass seine ständigen Umzüge einzig und allein aus mangelnder Bequemlichkeit und in der Hoffnung auf Besseres geschahen. Das Geheimnis – das er vielleicht nicht einmal sich selber völlig eingestand – lag in Mr Jordans Gefühl von seiner eigenen Bedeutung und in seinem Unbehagen, wann immer er spürte, dass er in den Augen einer Hauswirtin lediglich eine Allerweltsperson zu werden begann – ein gewöhnlicher Untermieter. Kaum entdeckte er dafür ein Anzeichen, entschloss er sich auszuziehen. Es bereitete ihm das größte Vergnügen, dessen er fähig war, wenn er bei der jähen Ankündigung, sofort auszuziehen, die tiefe Zerknirschung der Hauswirtin erkannte. Um den Schlag noch zu verstärken,

he had even resorted to artifice, seeming to express a most lively contentment during the very days when he had decided to leave and was asking himself where he should next abide. One of his delights was to return to a house which he had quitted years ago, to behold the excitement and bustle occasioned by his appearance, and play the good-natured autocrat over grovelling dependents. In every case, save the two already mentioned, he had parted with his landlady on terms of friendliness, never vouchsafing a reason for his going away, genially eluding every attempt to obtain an explanation, and at the last abounding in graceful recognition of all that had been done for him. Mr Jordan shrank from dispute, hated every sort of contention; this characteristic gave a certain refinement to his otherwise commonplace existence. Vulgar vanity would have displayed itself in precisely the acts and words from which his self-esteem nervously shrank. And of late he had been thinking over the list of landladies, with a half-formed desire to settle down, to make himself a permanent home. Doubtless as a result of this state of mind, he betook himself to a strange house, where, as from neutral ground, he might reflect upon the lodgings he knew, and judge between their merits. He could not foresee what awaited him under Mrs Elderfield's roof; the event impressed him as providential; he felt, with singular emotion, that choice was taken out of his hands. Lodgings could not be more than perfect, and such he had found.

It was not his habit to chat with landladies. At times he held forth to them on some topic of interest, suavely, instructively; if he gave in to their ordinary talk, it was with a half-absent smile of conde-

hatte er sogar eine List angewandt: Er trug eine überaus lebhafte Zufriedenheit gerade während der Tage zur Schau, in denen er beschlossen hatte auszuziehen und sich fragte, wo er nächstens wohnen sollte. Eine seiner Freuden war es, in ein Haus zurückzukehren, das er Jahre zuvor verlassen hatte; er wollte die durch sein Erscheinen entstandene Aufregung und den Übereifer sehen und den gütigen Herrscher über unterwürfige Diener spielen. In jedem Fall, mit Ausnahme der zwei schon erwähnten, war er von seiner Hauswirtin in freundschaftlichem Einvernehmen geschieden, wobei er sich nie herabließ, einen Grund für seinen Weggang zu nennen. Geschickt wich er jedem Versuch aus, eine Erklärung zu erhalten, und erging sich schließlich in dankbarer Anerkennung all dessen, was man für ihn getan hatte. Mr Jordan scheute Diskussionen, hasste jeden Zank; diese Eigenschaft gab seinem sonst normalen Wesen eine gewisse Vornehmheit. Gewöhnliche Eitelkeit hätte sich in genau den Worten und Taten gezeigt, vor denen seine Selbstachtung bang zurückschreckte. Vor Kurzem hatte er über die Liste von Hauswirtinnen nachgedacht und fast gewünscht, sich häuslich niederzulassen und ein Heim auf Dauer zu schaffen. Zweifellos als Ergebnis dieses Geisteszustands begab er sich zu einem fremden Haus, wo er, wie von neutralem Boden aus, über die ihm bekannten Quartiere nachdenken und ihre Vorzüge beurteilen könnte. Er konnte nicht ahnen, was ihn unter Mrs Elderfields Dach erwartete; das Ergebnis erschien ihm schicksalhaft; äußerst erregt, spürte er, dass ihm die Wahl aus den Händen genommen war. Eine Wohnung konnte nicht mehr als vollkommen sein, und eine solche hatte er gefunden.

Es war nicht seine Gewohnheit, mit Hauswirtinnen zu plaudern. Mitunter hielt er ihnen eine Rede über irgendein Thema von Bedeutung, verbindlich und belehrend; wenn er sich auf ihr übliches Geplauder einließ, geschah es mit einem

scension. Mrs Elderfield seeming as little disposed to gossip as himself, a month elapsed before he knew anything of her history; but one evening the reserve on both sides was broken. His landlady modestly inquired whether she was giving satisfaction, and Mr Jordan replied with altogether unwonted fervour. In the dialogue that ensued, they exchanged personal confidences. The widow had lost her husband four years ago; she came from the Midlands, but had long dwelt in London. Then fell from her lips a casual remark which made the hearer uneasy.

"I don't think I shall always stay here. The neighbourhood is too crowded. I should like to have a house somewhere further out."

Mr Jordan did not comment on this, but it kept a place in his daily thoughts, and became at length so much of an anxiety that he invited a renewal of the subject.

"You have no intention of moving just yet, Mrs Elderfield?"

"I was going to tell you, sir," replied the landlady, with her respectful calm, "that I have decided to make a change next spring. Some friends of mine have gone to live at Wood Green, and I shall look for a house in the same neighbourhood."

Mr Jordan was, in private, gravely disturbed. He who had flitted from house to house for many years, distressing the souls of landladies, now lamented the prospect of a forced removal. It was open to him to accompany Mrs Elderfield, but he shrank from the thought of living in so remote a district. Wood Green! The very name appalled him, for he had never been able to endure the country. He betook himself one dreary autumn afternoon to

halb abwesenden, herablassenden Lächeln. Da Mrs Elderfield ebenso wenig gesprächig war wie er, verging ein Monat, bis er etwas von ihrer Geschichte erfuhr; doch eines Abends hatten beide Seiten die Zurückhaltung abgelegt. Seine Wirtin erkundigte sich bescheiden, ob er mit ihr zufrieden sei, und Mr Jordan antwortete mit völlig ungewohnter Wärme. In dem darauffolgenden Gespräch tauschten sie persönliche vertrauliche Mitteilungen aus. Die Witwe hatte vor vier Jahren ihren Mann verloren; sie kam aus Mittelengland, hatte aber lange in London gelebt. Dann kam ihr eine beiläufige Bemerkung über die Lippen, die den Zuhörer unbehaglich stimmte.

«Ich glaube nicht, dass ich immer hierbleiben werde. Die Umgebung ist zu dicht besiedelt. Ich möchte gern ein Haus weiter draußen haben.»

Mr Jordan äußerte sich dazu nicht, aber das Gesagte behielt einen Platz in seinen täglichen Gedanken und wurde schließlich so sehr Grund zur Besorgnis, dass er um eine Wiederaufnahme des Themas bat.

«Sie haben doch nicht die Absicht, ausgerechnet jetzt umzuziehen, Mrs Elderfield?»

«Ich wollte es Ihnen gerade sagen, Mr Jordan», erwiderte die Hauswirtin in ihrer höflichen, ruhigen Art, «dass ich beschlossen habe, mich im Frühjahr zu verändern. Einige meiner Freunde sind nach Wood Green gezogen; ich werde mir ein Haus in der gleichen Gegend suchen.»

Mr Jordan war insgeheim ernstlich beunruhigt. Er, der viele Jahre von Haus zu Haus umgezogen war und die Seelen von Zimmervermieterinnen gequält hatte, beklagte jetzt die bevorstehende Möglichkeit eines Zwangsumzugs. Es stand ihm frei, Mrs Elderfield zu begleiten, doch er schreckte vor der Vorstellung zurück, in einem so abgelegenen Bezirk zu wohnen. Wood Green! Schon der Name entsetzte ihn, denn das Land hatte er nie ausstehen können. An einem langweiligen Herbstnachmittag begab er sich in jenen nördlichen Vor-

that northern suburb, and what he saw did not at all reassure him. On his way back he began once more to review the list of old lodgings.

But from that day his conversations with Mrs Elderfield grew more frequent, more intimate. In the evening he occasionally made an excuse for knocking at her parlour door, and lingered for a talk which ended only at supper time. He spoke of his own affairs, and grew more ready to do so as his hearer manifested a genuine interest, without impertinent curiosity. Little by little he imparted to Mrs Elderfield a complete knowlege of his commercial history, of his pecuniary standing – matters of which he had never before spoken to a mere acquaintance. A change was coming over him; the foundations of habit crumbled beneath his feet; he lost his look of complacence, his selfconfident and superior tone. Bar-parlours and billiard-rooms saw him but rarely and flittingly. He seemed to have lost his pleasure in the streets of Islington, and spent all his spare time by the fireside, perpetually musing.

On a day in March one of his old landladies, Mrs Higdon, sped to the house of another, Mrs Evans, panting under a burden of strange news. Could it be believed! Mr Jordan was going to marry – to marry that woman in whose house he was living! Mrs Higdon had it on the very best authority – that of Mr Jordan's partner, who spoke of the affair without reserve. A new house had already been taken – at Wood Green. Well! After all these years, after so many excellent opportunities, to marry a mere stranger and forsake Islington! In a moment Mr Jordan's character was gone; had he figured in the police-court under some disgraceful charge, these

ort, und was er sah, beruhigte ihn keineswegs. Auf seinem Rückweg begann er noch einmal, die Liste früherer Wohnungen durchzugehen.

Doch von diesem Tag an wurden seine Unterhaltungen mit Mrs Elderfield zahlreicher und vertraulicher. Abends suchte er gelegentlich einen Vorwand, um an ihre Wohnzimmertür zu klopfen und blieb noch auf ein Schwätzchen, das erst zur Abendbrotzeit endete. Er sprach von seinen eigenen Angelegenheiten und tat das immer bereitwilliger, da seine Zuhörerin echte Anteilnahme zeigte, ohne ungebührliche Neugier. Nach und nach gewährte er Mrs Elderfield einen vollständigen Einblick in die Geschichte seines Geschäfts, in seine Finanzlage – Dinge, über die er mit einer bloßen Bekannten nie zuvor gesprochen hatte. Eine Veränderung ging mit ihm vor; die Fundamente der Gewohnheiten zerbrachen unter seinen Füßen; er verlor seinen selbstgefälligen Blick, seinen selbstsicheren und überlegenen Tonfall. Bars und Billardzimmer sahen ihn nur selten und für kurz. Er schien seine Freude an den Straßen von Islington verloren zu haben und verbrachte seine ganze freie Zeit am Kamin, wo er ständig am Überlegen war.

An einem Märztag lief eine seiner früheren Zimmerwirtinnen, Mrs Higdon, zum Haus einer anderen, nämlich Mrs Evans, und keuchte unter der Last einer tollen Neuigkeit. Es war nicht zu fassen! Mr Jordan sei im Begriff zu heiraten – die Frau zu heiraten, in deren Haus er wohnte. Mrs Higdon hatte es aus verlässlichster Quelle – von Mr Jordans Teilhaber, der von der Sache ohne Zurückhaltung sprach. Ein neues Haus war schon gemietet – in Wood Green. Na, hören Sie! Nach all diesen Jahren, nach so vielen ausgezeichneten Gelegenheiten eine völlig Fremde heiraten und Islington aufgeben! Im Nu war Mr Jordans Ruf dahin; wäre sein Name im Bezirksgericht unter einer schimpflichen Beschuldigung aufgeführt gewesen, hätten diese Hauswirtinnen kaum stär-

landladies could hardly have felt more shocked and professed themselves more disgusted. The intelligence spread. Women went out of their way to have a sight of Mrs Elderfield's house; they hung about for a glimpse of that sinister person herself. She had robbed them, every one, of a possible share in Islington's prize lodger. Had it been one of themselves they could have borne the chagrin; but a woman whom not one of them knew, an alien! What base arts had she practised? Ah, it was better not to inquire too closely into the secrets of that lodging-house.

Though every effort was made to learn the time and place of the ceremony, Mr Jordan's landladies had the mortification to hear of his wedding only when it was over. Of course, this showed that he felt the disgracefulness of his behaviour; he was not utterly lost to shame. It could only be hoped that he would not know the bitterness of repentance.

Not till he found himself actually living in the house at Wood Green did Mr Jordan realize how little his own will had had to do with the recent course of events. Certainly, he had made love to the widow, and had asked her to marry him; but from that point onward he seemed to have put himself entirely in Mrs Elderfield's hands, granting every request, meeting half-way every suggestion she offered, becoming, in short, quite a different kind of man from his former self. He had not been sensible of a moment's reluctance; he enjoyed the novel sense of yielding himself to affectionate guidance. His wits had gone woolgathering; they returned to him only after the short honeymoon at Bright-

kere Entrüstung empfinden und mehr Abscheu zum Ausdruck bringen können. Die Nachricht verbreitete sich. Frauen machten Umwege, um Mrs Elderfields Haus zu Gesicht zu bekommen; sie lungerten herum, um einen Blick auf die schlimme Person zu erhaschen. Diese Frau hatte sie, jede von ihnen, um einen möglichen Anteil an Islingtons hochgeschätztem Untermieter gebracht. Wäre es eine von ihnen gewesen, so hätten sie den Kummer ertragen können; aber eine Frau, die keiner von ihnen bekannt war, eine Fremde! Welcher niedrigen Tricks hatte die sich wohl bedient? Ach, es war besser, die Geheimnisse dieser Pension nicht allzu gründlich zu untersuchen.

Obgleich jede Mühe unternommen wurde, Zeit und Ort der Feierlichkeit zu erfahren, mussten Mr Jordans Hauswirtinnen die Demütigung hinnehmen, von der Trauung erst zu hören, als sie vorbei war. Natürlich zeigte das, dass er die Schändlichkeit seines Verhaltens spürte; das Schamgefühl war ihm nicht völlig abhandengekommen. Es war nur zu hoffen, dass er nicht die Bitterkeit der Reue erleben würde.

Erst als er tatsächlich in dem Haus in Wood Green wohnte, erkannte Mr Jordan, wie wenig sein eigener Wille mit dem jüngsten Verlauf der Ereignisse zu tun gehabt hatte. Gewiss, er hatte der Witwe den Hof gemacht und um sie angehalten; doch von da an schien er sich völlig in Mrs Elderfields Hände begeben zu haben; er entsprach jeder Bitte, kam jedem Wink von ihr auf halbem Weg entgegen, kurzum, er war nicht mehr der frühere Mr Jordan, sondern wurde ein ganz anderer Mensch. Keinen Augenblick lang hatte er Widerstreben empfunden; er genoss das neue Gefühl, sich liebevoller Führung zu unterwerfen. Sein gesunder Menschenverstand war einer Zerstreutheit gewichen und kehrte erst nach den kurzen Flitterwochen in Brighton zu ihm zurück, als er auf seinem eigenen Kaminvorleger stand und sich die neuen Möbel und

on, when he stood upon his own hearth-rug, and looked round at the new furniture and ornaments which symbolized a new beginning of life.

The admirable landlady had shown herself energetic, clear-headed, and full of resource; it was she who chose the house, and transacted all the business in connection with it; Mr Jordan had merely run about in her company from place to place, smiling approval and signing cheques. No one could have gone to work more prudently, or obtained what she wanted at smaller outlay; for all that, Mr Jordan, having recovered something like his normal frame of mind, viewed the results with consternation. Left to himself, he would have taken a very small house, and furnished it much in the style of Islington lodgings; as it was, he occupied a ten-roomed "villa", with appointments which seemed to him luxurious, aristocratic. True, the expenditure was of no moment to a man in his position, and there was no fear that Mrs Jordan would involve him in dangerous extravagance; but he had always lived with such excessive economy that the sudden change to a life correspondent with his income could not but make him uncomfortable.

Mrs Jordan had, of course, seen to it that her personal appearance harmonized with the new surroundings. She dressed herself and her young daughter with careful appropriateness. There was no display, no purchase of gewgaws – merely garments of good quality, such as became people in easy circumstances. She impressed upon her husband that this was nothing more than a return to the habits of her earlier life. Her first marriage had been a sad mistake; it had brought her down in the world. Now she felt restored to her natural position.

Zierstücke rundherum besah, die einen neuen Lebensanfang versinnbildlichten.

Die vortreffliche Pensionswirtin hatte sich als tatkräftig, klug und einfallsreich erwiesen; sie war es, die das Haus ausgesucht und alle damit zusammenhängenden Geschäfte erledigt hatte; Mr Jordan war lediglich in ihrer Begleitung von Stelle zu Stelle gelaufen, hatte lächelnd Zustimmung bekundet und Schecks unterschrieben. Niemand hätte vorsichtiger zu Werke gehen oder das, was sie wollte, preiswerter erhalten können; trotz alledem betrachtete Mr Jordan, nachdem er wieder so etwas wie seinen normalen Geisteszustand erlangt hatte, die Ergebnisse mit Bestürzung. Wenn es nach ihm gegangen wäre, hätte er ein sehr kleines Haus bezogen und es weitgehend im Stil von Wohnungen in Islington ausgestattet. So aber hatte er eine Zehn-Zimmer-«Villa» in Besitz, mit einer Einrichtung, die er für verschwenderisch, für hochherrschaftlich hielt. Die Ausgabe war für einen Mann in seiner Stellung zwar nicht von Belang, und es bestand keine Befürchtung, dass Mrs Jordan ihn in gefährliche Verschwendungssucht verwickeln würde; doch er hatte stets so übertrieben sparsam gelebt, dass der plötzliche Wechsel in ein Leben, das seinem Einkommen entsprach, ihn notgedrungen unbehaglich stimmte.

Natürlich hatte Mrs Jordan dafür gesorgt, dass ihr persönliches Erscheinungsbild zu der neuen Umgebung passte. Sie kleidete sich und ihre junge Tochter sorgfältig und angemessen. Es gab keinen Prunk, es wurde kein Schnickschnack gekauft – lediglich Kleidung von guter Qualität, wie es sich für wohlhabende Leute ziemte. Mrs Jordan machte ihrem Mann klar, dass dies nichts weiter sei als eine Rückkehr zu den Gepflogenheiten ihres früheren Lebens. Ihre erste Ehe sei ein schlimmer Fehler gewesen, der ihr gesellschaftlichen Abstieg gebracht habe. Jetzt habe sie das Gefühl, dass ihr natürlicher Rang wiederhergestellt sei.

After a week of restlessness, Mr Jordan resumed his daily visits to the shop in Upper Street, where he sat as usual among the books and the correspondence, and tried to assure himself that all would henceforth be well with him. No more changing from house to house; a really comfortable home in which to spend the rest of his days; a kind and most capable wife to look after all his needs, to humour all his little habits. He could not have taken as wiser step.

For all that, he had lost something, though he did not yet understand what it was. The first perception of a change not for the better flashed upon him one evening in the second week, when he came home an hour later than his wont. Mrs Jordan, who always stood waiting for him at the window, had no smile as he entered.

"Why are you late?" she asked, in her clear, restrained voice.

"Oh – something or other kept me."

This would not do. Mrs Jordan quietly insisted on a full explanation of the delay, and it seemed to her unsatisfactory.

"I hope you won't be irregular in your habits, Archibald," said his wife, with gentle admonition. "What I always liked in you was your methodical way of living. I shall be very uncomfortable if I never know when to expect you."

"Yes, my dear, but – business, you see –"

"But you have explained that you *could* have been back at the usual time."

"Yes – that's true – but –"

"Well, well, you won't let it happen again. Oh really, Archibald!" she suddenly exclaimed. "The

Nach einer Woche der Ruhelosigkeit begab sich Mr Jordan wieder täglich in den Laden in der Upper Streer, wo er, wie üblich, zwischen den Büchern und dem Schriftverkehr saß und sich selbst zu überzeugen versuchte, dass fortan alles gut mit ihm stünde. Kein Umziehen mehr von Haus zu Haus; ein wirklich behagliches Heim, in dem er den Rest seiner Tage verbringen konnte; eine gütige und überaus tüchtige Frau, die sich um alle seine Bedürfnisse kümmerte und all seinen kleinen Gewohnheiten zu Willen war. Er hätte nichts Klügeres tun können.

Trotzdem hatte er etwas verloren, wenn er auch noch nicht verstand, was es war. Der erste Begriff einer Veränderung nicht zum Besseren wurde ihm plötzlich eines Abends in der zweiten Woche bewusst, als er eine Stunde später als gewohnt nach Hause kam. Mrs Jordan, die immer am Fenster stand und auf ihn wartete, zeigte kein Lächeln, als er eintrat.

«Warum kommst du zu spät?», fragte sie mit ihrer klaren, beherrschten Stimme.

«Oh – irgendetwas hat mich aufgehalten.»

Das genügte nicht. Mrs Jordan bestand in aller Ruhe auf einer vollen Erklärung der Verspätung, und diese Erklärung erschien ihr unzureichend.

«Ich hoffe, du wirst in deinen Gewohnheiten nicht liederlich, Archibald», sagte seine Frau mit sanfter Ermahnung. «Was ich immer an dir geschätzt habe, war dein geregelter Lebenswandel. Es wird mir sehr unlieb sein, wenn ich nie weiß, wann ich dich erwarten kann.»

«Ja, meine Liebe, aber – das Geschäft, weißt du ...»

«Du hast doch erklärt, dass du zur gewohnten Zeit hättest zurück sein *können.*»

«Ja – das stimmt schon –, aber ...»

«Gut, gut, du wirst dafür sorgen, dass es nicht wieder vorkommt. Aber ich muss schon sagen, Archibald!», rief sie auf

idea of you coming into the room with muddy boots! Why, look! There's a patch of mud on the carpet —"

"It was my hurry to speak to you," murmured Mr Jordan, in confusion.

"Please go at once and take your boots off. And you left your slippers in the bedroom this morning. You must always bring them down, and put them in the dining-room cupboard; then they're ready for you when you come into the house."

Mr Jordan had but a moderate appetite for his dinner, and he did not talk so pleasantly as usual. This was but the beginning of troubles such as he had not for a moment foreseen. His wife, having since their engagement taken the upper hand, began to show her determination to keep it, and day by day her rule grew more galling to the ex-bachelor. He himself, in the old days, had plagued his landladies by insisting upon method and routine, by his faddish attention to domestic minutiae; he now learnt what it was to be subjected to the same kind of despotism, exercised with much more exasperating persistence. Whereas Mrs Elderfield had scrupulously obeyed every direction given by her lodger, Mrs Jordan was evidently resolved that her husband should live, move, and have his being in the strictest accordance with her own ideal. Not in any spirit of nagging, or ill-tempered unreasonableness; it was merely that she had her favourite way of doing every conceivable thing, and felt so sure it was the best of all possible ways that she could not endure any other. The first serious disagreement between them had reference to conduct at the breakfast-table. After a broken night, feeling

einmal. «Was denkst du dir eigentlich, mit dreckigen Stiefeln ins Zimmer zu kommen! Na, schau her! Da ist ein Schmutzfleck auf dem Teppich ...»

«Es geschah in meiner Eile, mit dir zu reden», murmelte Mr Jordan bestürzt.

«Bitte geh jetzt sofort und zieh die Stiefel aus! Und heute früh hast du deine Hausschuhe im Schlafzimmer gelassen. Du musst sie immer herunterbringen und in den Esszimmerschrank stellen; dann sind sie für dich bereit, wenn du ins Haus kommst.»

Mr Jordan hatte nur mäßigen Appetit auf sein Abendessen und plauderte nicht so vergnügt wie sonst. Dies war erst der Beginn von Misshelligkeiten, wie er sie nicht einen Augenblick vorhergesehen hatte. Seine Frau, die seit ihrer Verlobung die Oberhand gewonnen hatte, zeigte nun ihre Entschlossenheit, sie zu behalten; Tag um Tag wurde für den einstigen Junggesellen ihre Herrschaft quälender. Früher hatte er selber seine Hauswirtinnen damit geplagt, dass er auf Ordnung und gleichmäßige Erledigung der Arbeiten drang, indem er kauzig auf häusliche Kleinigkeiten achtete; jetzt erfuhr er, was es hieß, der gleichen Art Willkür ausgesetzt zu sein, wenn sie mit viel ärgerlicherer Hartnäckigkeit ausgeübt wurde. Während Mrs Elderfield jeder von ihrem Untermieter erteilten Anweisung gewissenhaft Folge geleistet hatte, war Mrs Jordan offensichtlich entschlossen, dass ihr Ehemann in strengster Übereinstimmung mit ihrer eigenen Wunschvorstellung leben, sich bewegen, sein Dasein einrichten sollte. Nicht aus einem Geist nörgelnder oder reizbarer Unvernunft; sie hatte bloß ihre eigene Art, jede erdenkliche Sache zu erledigen, und war sich so sicher, dass dies die beste aller möglichen Arten sei, dass sie keine andere dulden konnte. Der erste ernsthafte Streit zwischen ihnen ging um das Verhalten am Frühstückstisch. Nach einer gestörten Nacht nahm Mr Jordan, da er an Kopfweh litt und sich elend fühlte, seine Zeitung zur

headachy and worried, Mr Jordan took up his newspaper, folded it conveniently, and set it against the bread so that he could read while eating. Without a word, his wife gently removed it, and laid it aside on a chair.

"What are you doing?" he asked gruffly.

"You mustn't read at meals, Archibald. It's bad manners, and bad for your digestion."

"I've read the news at breakfast all my life, and I shall do so still," exclaimed the husband, starting up and recovering his paper.

"Then you will have breakfast by yourself. Nelly, we must go into the other room till papa has finished."

Mr Jordan ate mechanically, and stared at the newspaper with just as little consciousness. Prompted by the underlying weakness of his character to yield for the sake of peace, wrath made him dogged, and the more steadily he regarded his position, the more was he appalled by the outlook. Why, this meant downright slavery! He had married a woman so horribly like himself in several points that his only hope lay in overcoming her by sheer violence. A thoroughly good and well-meaning woman, an excellent housekeeper, the kind of wife to do him credit and improve his social position; but self-willed, pertinacious, and probably thinking herself his superior in every respect. He had nothing to fear but subjection – the one thing he had never anticipated, the one thing he could never endure.

He went off to business without seeing his wife again, and passed a lamentable day. At his ordinary hour of return, instead of setting off homeward, he strayed about the by-streets of Islington and Pentonville. Not till this moment had he felt how

Hand, faltete sie in geeigneter Weise und lehnte sie so gegen das Brot, dass er lesen und dabei essen konnte. Ohne ein Wort zu sagen, nahm seine Frau die Zeitung sanft weg und legte sie auf einen Stuhl.

«Was tust du da?», fragte er mürrisch.

«Bei den Mahlzeiten liest man nicht, Archibald. Das gehört sich nicht und ist schlecht für deine Verdauung.»

«Ich habe mein ganzes Leben lang beim Frühstück die neuesten Nachrichten gelesen, und das werde ich auch weiter tun», rief der Mann, sprang auf und holte sich seine Zeitung wieder.

«Dann wirst du allein frühstücken. Nelly, wir müssen ins andere Zimmer gehen, bis Papa fertig ist.»

Mr Jordan aß mechanisch und starrte ebenso gedankenlos auf die Zeitung. Da er von der tiefsitzenden Schwäche seines Wesens angehalten wurde, um des Friedens willen nachzugeben, machte ihn der Zorn stur, und je gefasster er seine Lage betrachtete, desto mehr war er über die Aussichten entsetzt. Das bedeutete ja regelrechte Sklaverei! Er hatte eine Frau geheiratet, die in mehreren entscheidenden Punkten ihm so fürchterlich glich, dass seine einzige Hoffnung darin bestand, sie durch bloße Gewalt kleinzukriegen. Eine durch und durch gute und wohlmeinende Frau, eine vortreffliche Wirtschafterin, die Art von Gattin, mit der er Ehre einlegen und seine gesellschaftliche Stellung verbessern konnte; aber eine eigenwillige, hartnäckige Person, die sich wahrscheinlich in jeder Hinsicht ihm überlegen fühlte. Er hatte nichts zu fürchten als seine Unterjochung – das Einzige, was er nie vorausgesehen hatte, das Einzige, was er nie ertragen konnte.

Er fuhr ins Geschäft, ohne seine Frau noch einmal zu sehen, und verbrachte einen elenden Tag. Anstatt sich zu seiner gewohnten Zeit auf den Heimweg zu machen, streunte er durch die Nebenstraßen von Islington und Pentonville. Bis zu diesem Augenblick hatte er nicht gespürt, wie teuer sie ihm wa-

137

dear they were to him, the familiar streets; their very odours fell sweet upon his nostrils. Never again could he go hither and thither, among the old friends, the old places, to his heart's content. What had possessed him to abandon this precious liberty! The thought of Wood Green revolted him; live there as long as he might, he would never be at home. He thought of his wife (now waiting for him) with fear, and then with a reaction of rage. Let her wait! He – Archibald Jordan – before whom women had bowed and trembled for five-and-twenty years – was *he* to come and go at a wife's bidding? And at length the thought seemed so utterly preposterous that he sped northward as fast as possible, determined to right himself this very evening.

Mrs Jordan sat alone. He marched into the room with muddy boots, flung his hat and overcoat into a chair, and poked the fire violently. His wife's eye was fixed on him, and she first spoke – in the quiet voice that he dreaded.

"What do you mean by carrying on like this, Archibald?"

"I shall carry on as I like in my own house – hear that?"

"I do hear it, and I'm very sorry too. It gives me a very bad opinion of you. You will *not* do as you like in your own house. Rage as you please. You will *not* do as you like in your own house."

There was a contemptuous anger in her eye which the man could not face. He lost all control of himself, uttered coarse oaths, and stood quivering. Then the woman began to lecture him; she talked steadily, acrimoniously, for more than an hour, regardless of his

ren, die vertrauten Straßen; sogar ihre Gerüche stiegen ihm süß in die Nase. Nie wieder konnte er nach Herzenslust hierhin und dorthin bummeln, unter den alten Freunden, an den alten Plätzen. Was war nur in ihn gefahren, dass er diese kostbare Freiheit aufgegeben hatte! Der Gedanke an Wood Green erfüllte ihn mit Abscheu; er mochte dort leben so lange er konnte, nie würde er zu Hause sein. Er dachte voller Angst und dann mit einer Anwandlung von Wut an seine Frau (die jetzt auf ihn wartete). Lass sie warten! Er, Archibald Jordan, vor dem Frauen fünfundzwanzig Jahre lang sich verneigt und gezittert hatten – sollte *er* auf Geheiß einer Frau kommen und gehen? Und schließlich erschien der Gedanke so völlig widernatürlich, dass er so schnell wie möglich nach Norden eilte, fest entschlossen, sich an eben diesem Abend sein Recht zu verschaffen.

Mrs Jordan war allein. Er stapfte ins Zimmer mit schmutzigen Schuhen, warf Hut und Mantel auf einen Stuhl und stocherte heftig im Feuer herum. Der Blick seiner Frau war auf ihn gerichtet, und sie sprach als Erste – mit der ruhigen Stimme, die er fürchtete.

«Was fällt dir eigentlich ein, dich so danebenzubenehmen, Archibald?»

«Ich benehme mich in meinem eigenen Haus, wie es mir passt – hörst du?»

«Ich höre es, und es tut mir auch sehr leid. Es vermittelt mir eine arg schlechte Meinung von dir. Du wirst dich in deinem Haus *nicht* aufführen, wie es dir passt. Tobe, wie du willst! Du wirst dich in deinem Haus *nicht* aufführen, wie es dir passt.»

Ihr Blick verriet Ärger und Verachtung; diesem Blick konnte der Mann nicht standhalten. Er verlor alle Selbstbeherrschung, stieß gemeine Flüche aus und stand bebend da. Dann begann die Frau ihm die Leviten zu lesen; sie redete unentwegt, bissig, über eine Stunde lang, ohne Rücksicht

interruptions. Nervously exhausted, he fled at length from the room. A couple of hours later they met again in the nuptial chamber, and again Mrs Jordan began to talk. Her point, as before, was that he had begun married life about as badly as possible. Why had he married her at all? What fault had she committed to incur such outrageous usage? But, thank goodness, she had a will of her own, and a proper self-respect; behave as he might, *she* would still persevere in the path of womanly duty. If he thought to make her life unbearable he would find his mistake; she simply should not heed him; perhaps he would return to his senses before long – and in this vein Mrs Jordan continued until night was at odds with morning, only becoming silent when her partner had sunk into the oblivion of uttermost fatigue.

The next day Mr Jordan's demeanour showed him, for the moment at all events, defeated. He made no attempt to read at breakfast; he moved about very quietly. And in the afternoon he came home at the regulation hour.

Mrs Jordan had friends in the neighbourhood, but she saw little of them. She was not a woman of ordinary tastes. Everything proved that, to her mind, the possession of a nice house, with the prospects of a comfortable life, was an end in itself; she had no desire to exhibit her well-furnished rooms, or to gad about talking of her advantages. Every moment of her day was taken up in the superintendence of servants, the discharge of an infinitude of housewifely tasks. She had no assistance from her daughter; the girl went to school, and was encouraged to study with the utmost application. The husband's presence in the house seemed a mere

auf seine Einwürfe. Nervlich erschöpft, flüchtete er schließlich aus dem Zimmer. Ein paar Stunden später begegneten sie sich wieder im ehelichen Schlafzimmer, und wieder fing Mrs Jordan zu reden an. Ihr Kernpunkt war, wie zuvor, dass er das Eheleben so schlecht wie nur möglich begonnen habe. Warum hatte er sie denn überhaupt geheiratet? Was für einen Fehler hatte sie begangen, um sich solch ungeheuerlicher Behandlung auszusetzen? Doch Gott sei Dank habe sie einen eigenen Willen und angemessene Selbstachtung; er mochte sich benehmen, wie er wollte, *sie* aber würde immer noch auf dem Pfad weiblicher Pflichterfüllung ausharren. Wenn er glaube, ihr das Leben unerträglich zu machen, täuschte er sich; sie würde ihn einfach nicht beachten; vielleicht käme er bald wieder zur Besinnung – und in diesem Ton fuhr Mrs Jordan fort, bis die Nacht mit dem Morgen rang, und sie verstummte erst, als ihr Partner vor äußerster Erschöpfung eingeschlafen war.

Am nächsten Tag zeigte Mr Jordans Benehmen, dass er, jedenfalls für den Augenblick, besiegt war. Er machte keinen Versuch, beim Frühstück zu lesen, und ging sehr ruhig umher. Und nachmittags kam er zur üblichen Stunde heim.

Mrs Jordan hatte Freunde in der Nachbarschaft, sah sie aber selten. Sie war keine Frau mit gewöhnlichen Neigungen. Alles deutete darauf hin, dass für sie der Besitz eines hübschen Hauses, mit den Aussichten auf ein behagliches Leben, ein Selbstzweck war; sie hatte kein Verlangen, ihre gut eingerichteten Zimmer zur Schau zu stellen oder herumzubummeln oder über ihre eigenen Vorzüge zu sprechen. Jeder Augenblick ihres Tages war in Anspruch genommen durch die Beaufsichtigung von Dienstboten, die Erledigung einer Unmenge hauswirtschaftlicher Tätigkeiten. Von ihrer Tochter hatte sie keine Hilfe; das Mädchen ging zur Schule und wurde angehalten, mit äußerstem Eifer zu lernen. Die Anwesenheit des Gatten im Haus erschien als bloßer Zufall – ausgenommen in der

accident – save in the still nocturnal season, when Mrs Jordan bestowed upon him her counsel and her admonitions.

After the lapse of a few days Mr Jordan again offered combat, and threw himself into it with a frenzy.

"Look here!" he shouted at length, "either you or I are going to leave this house. I can't live with you – understand? I hate the sight of you!"

"Go on!" retorted the other, with mild bitterness. "Abuse me as much as you like, I can bear it. I shall continue to do my duty, and unless you have recourse to personal violence, here I remain. If you go too far, of course the law must defend me!"

This was precisely what Mr Jordan knew and dreaded; the law was on his wife's side, and by applying at a police-court for protection she could overwhelm him with shame and ridicule, which would make life intolerable. Impossible to argue with this woman. Say what he might, the fault always seemed his. His wife was simply doing her duty – in a spirit of admirable thoroughness; he, in the eyes of a third person, would appear an unreasonable and violent curmudgeon. Had it not all sprung out of his obstinacy with regard to reading at breakfast? How explain to anyone what he suffered in his nerves, in his pride, in the outraged habitudes of a lifetime?

That evening he did not return to Wood Green. Afraid of questions if he showed himself in the old resorts, he spent some hours in a billiard-room near King's Cross, and towards midnight took a bedroom unter the same roof. On going to business next day, he awaited with tremors either a telegram

stillen nächtlichen Zeit, wenn Mrs Jordan ihm ihren Rat und ihre Ermahnungen erteilte.

Nachdem ein paar Tage verstrichen waren, bot Mr Jordan wieder den Kampf an und stürzte sich in ihn mit wilder Leidenschaft.

«Hör zu!», brüllte er schließlich, «entweder du verlässt nun das Haus oder ich. Ich kann nicht mit dir leben – verstanden? Ich hasse deinen Anblick.»

«Nur weiter so!», erwiderte sie, mit sanfter Bitterkeit. «Schmähe mich, so viel wie du willst, ich kann es ertragen. Ich werde weiterhin meine Pflicht tun und ich bleibe hier, es sei denn, du nimmst deine Zuflucht zu körperlicher Gewalt. Wenn du zu weit gehst, muss mich natürlich das Gesetz schützen.»

Das war genau, was Mr Jordan wusste und fürchtete; das Gesetz war auf der Seite seiner Frau, und wenn sie bei einem Bezirksgericht um Schutz ersuchte, könnte sie ihn mit Schande und Lächerlichkeit überhäufen, was das Leben unerträglich machen würde. Unmöglich, mit dieser Frau zu streiten. Er mochte sagen, was er wollte, immer schien die Schuld bei ihm zu liegen. Seine Frau tat einfach ihre Pflicht – in einem Geist bewundernswerter Gründlichkeit; er würde in den Augen einer dritten Person als unvernünftiger, gewalttätiger Geizhals erscheinen. War nicht alles entstanden durch seine Hartnäckigkeit, was das Lesen beim Frühstück betrifft? Wie sollte er jemandem erklären, was er in seinem Stolz, in den grob verletzten Gewohnheiten eines ganzen Lebens nervlich durchmachte?

An jenem Abend kehrte er nicht nach Wood Green zurück. Da er Fragen fürchtete, wenn er sich an den einstigen Treffpunkten zeigte, verbrachte er ein paar Stunden in einem Billardzimmer in der Nähe von King's Cross Station und nahm gegen Mitternacht ein Schlafzimmer unter dem gleichen Dach. Als er am nächsten Tag ins Geschäft ging, erwartete er

or a visit from his wife; but the whole day passed, and he heard nothing. After dark he walked once more about the beloved streets, pausing now and then to look up at the windows of this or that well remembered house. Ah, if he durst but enter and engage a lodging! Impossible – for ever impossible!

He slept in the same place as on the night before. And again a day passed without any sort of inquiry from Wood Green. When evening came he went home.

Mrs Jordan behaved as though he had returned from business in the usual way. "Is it raining?" she asked, with a half-smile. And her husband replied, in as matter-of-fact a tone as he could command, "No, it isn't." There was no mention between them of his absence. That night, Mrs Jordan talked for an hour or two of his bad habit of stepping on the paint when he went up and down stairs, then fell calmly asleep.

But Mr Jordan did not sleep for a long time. What! was he, after all, to be allowed his liberty *out* of doors, provided he relinquished it within? Was it really the case that his wife, satisfied with her house and furniture and income, did not care a jot whether he stayed away or came home? There, indeed, gleamed a hope. When Mr Jordan slept, he dreamed that he was back again in lodgings at Islington, tasting an extraordinary bliss. Day dissipated the vision, but still Mrs Jordan spoke not a word of his absence, and with trembling still he hoped.

mit Bangen ein Telegramm oder einen Besuch seiner Frau; doch der Tag verging und er hörte nichts. Bei Dunkelheit ging er wieder in den geliebten Straßen umher und blieb dann und wann stehen und sah zu den Fenstern dieses oder jenes wohlbekannten Hauses hinauf. Ach, wenn er sich bloß getraute, hineinzugehen und ein Zimmer zu mieten! Unmöglich – für immer unmöglich!

Er schlief im gleichen Quartier wie die Nacht zuvor. Und wieder verging ein Tag ohne irgendeine Art der Nachfrage aus Wood Green. Als es Abend wurde, fuhr er nach Hause.

Mrs Jordan verhielt sich, als wäre er wie üblich vom Geschäft heimgekommen. «Regnet es?», fragte sie, fast lächelnd. Und ihr Mann erwiderte im nüchternsten Tonfall, der ihm zur Verfügung stand: «Nein, es regnet nicht.» Seine Abwesenheit wurde von keinem der beiden erwähnt. An jenem Abend redete Mrs Jordan eine oder zwei Stunden über seine üble Angewohnheit, auf den Bodenanstrich zu treten, wenn er treppauf und treppab ging, dann schlief sie ruhig ein.

Doch Mr Jordan kam lange nicht zur Ruhe. Nanu!, wurde ihm also doch seine Freiheit *außer* Haus zugestanden, vorausgesetzt, er gab sie *im* Haus auf? War es wirklich so, dass seine Frau, zufrieden mit ihrem Haus, dem Mobiliar und dem Einkommen, sich kein Jota darum scherte, ob er wegblieb oder nach Hause kam? Da schimmerte tatsächlich eine Hoffnung auf. Als Mr Jordan schlief, träumte er, er sei wieder zurück in möblierten Wohnungen in Islington; er erlebte dabei ein außergewöhnliches Entzücken. Der Tag vertrieb das Wunschbild, aber bislang sprach Mrs Jordan mit keinem Wort über seine Abwesenheit, und zitternd wartete er darauf noch immer.

George Moore
A Faithful Heart

1

It was a lovely morning, and Major Shepherd walked rapidly, his toes turned well out, his shoulders set well back. Behind him floated the summer foliage of Appleton Park – the family seat of the Shepherds – and at the end of the smooth, white road lay the Major's destination – the small town of Branbury.

The Major was the medium height; his features were regular and cleanly cut. He would have been a handsome man if his eyes had not been two dark mud-coloured dots, set close together, wholly lacking in expression. A long brown moustache swept picturesquely over bright, smoothly shaven cheeks, and the ends of this ornament were beginning to whiten. The Major was over forty. He carried under his arm a brown-paper parcel (the Major was rarely seen without a brown-paper parcel), and in it were things he could not possibly do without – his diary and his letter-book. The brown-paper parcel contained likewise a number of other papers; it contained the Major's notes for a book he was writing on the principal county families in Buckinghamshire. The Major had been collecting information for this book for many years, and with it he hoped to make two or three hundred pounds – money which he stood sorely in need of – and to advance his position in the county, a position which, in his opinion, his father had done little to maintain, and which, to his very deep regret, his sisters were now doing their best to compromise. That very morning, while packing up his brown-

George Moore
Eine treue Seele

1

Es war ein wunderbarer Morgen. Major Shepherd ging raschen Schritts, die Zehen ordentlich nach auswärts gestellt, die Schultern ordentlich durchgedrückt. Hinter ihm wogte sacht das sommerliche Laubwerk von Appleton Park, dem Familiensitz der Shepherds, und am Ende der glatten, weißen Straße lag das Ziel des Majors: die kleine Stadt Branbury.

Der Major war von mittlerem Wuchs; seine Gesichtszüge waren regelmäßig und scharf geschnitten. Er wäre ein hübscher Mann gewesen, hätten seine Augen nicht wie zwei dunkle, schmutzfarbene und völlig ausdruckslose Tupfer gewirkt, die nahe beieinanderstanden. Ein langer brauner Schnauzbart fegte malerisch über leuchtende, glattrasierte Wangen und die Enden dieser Zier begannen zu ergrauen. Der Major war über vierzig. Unter dem Arm trug er ein in Packpapier gewickeltes Paket (man sah ihn selten ohne ein in Packpapier gewickeltes Paket), und darin waren Dinge, die er vielleicht nicht entbehren konnte: sein Tagebuch und sein Briefordner. Das braune Paket enthielt auch eine Anzahl anderer Papiere: die Aufzeichnungen des Majors für ein Buch, das er gerade über die ersten Grafschaftsfamilien in Buckinghamshire schrieb. Er hatte seit vielen Jahren Stoff für dieses Buch gesammelt, und mit ihm hoffte er zwei- bis dreitausend Pfund einzunehmen – Geld, das er dringend benötigte – und seine gesellschaftliche Stellung in der Grafschaft zu verbessern. Sein Vater hatte seiner Meinung nach wenig getan, um diese Stellung zu wahren, und seine Schwestern taten zu seinem ganz tiefen Bedauern ihr Bestes, um sie zu gefährden. Während er an eben jenem Morgen, vor etwa einer Viertelstunde, sein Paket schnürte, hatte er

paper parcel, some quarter of an hour ago, he had had a somewhat angry interview on this subject with his sisters. For he had thought it his duty to reprove them for keeping company with certain small London folk who had chosen to come to live in the neighbourhood. Ethel had said that they were not going to give up their friends because they were not good enough for him, and Maud had added significantly that they were quite sure that their friends were quite as good as *the* friend he was going to see in Branbury. The Major turned on his heel and left the house.

As he walked towards Branbury he asked himself if it were possible that they knew anything about Charlotte Street; and as he approached the town he looked round nervously, fearing lest some friend might pop down upon him, and, after some hesitation, decided to take a long detour so as to avoid passing by the house of some people he knew. As he made his way through a bye-street his step quickened, and at the corner of Charlotte Street he looked round to make sure he was not followed. He then drew his keys from his pocket and let himself into a small, mean-looking house.

Major Shepherd might have spared himself the trouble of these precautions; no one was minded to watch him, for everyone knew perfectly well who lived in 27, Charlotte Street. It was common talk that the tall, dark woman who lived in 27 was Mrs Charles Shepherd, and that the little girl who ran by Mrs Shepherd's side on the rare occasions when she was seen in the streets – for it was said that the Major did not wish her to walk much about the town, lest she should attract the attention of the curious, who might be tempted to make inquiries – was the

mit seinen Schwestern eine etwas ärgerliche Aussprache über dieses Thema gehabt. Denn er hatte es für seine Pflicht gehalten, sie wegen ihres Umgangs mit gewissen kleinen Leuten aus London zu tadeln, die beschlossen hatten, in die Nachbarschaft zu ziehen. Ethel hatte gesagt, dass sie nicht daran dächten, ihre Freundinnen aufzugeben, bloß weil sie ihm nicht gut genug waren, und Maud hatte bezeichnenderweise hinzugefügt, dass ihre Freundinnen ganz sicher ebenso gut seien wie *die* Freundin, die er im Begriff sei, in Branbury zu besuchen. Der Major machte auf dem Absatz kehrt und verließ das Haus.

Während er in Richtung Branbury marschierte, fragte er sich, ob es möglich sei, dass sie etwas über Charlotte Street wussten; und als er sich der Stadt näherte, blickte er aufgeregt um sich, da er fürchtete, irgendein Freund könnte plötzlich vor ihm erscheinen. Nach einigem Zögern entschied er sich, einen langen Umweg zu machen, um nicht am Haus einiger Leute vorbeizukommen, die er kannte. Als er seinen Weg durch eine Nebenstraße nahm, beschleunigte sich sein Schritt, und an der Ecke der Charlotte Street blickte er sich um, um sich zu vergewissern, dass niemand ihm folgte. Dann zog er seine Schlüssel aus der Tasche und verschaffte sich Zutritt in ein kleines, schäbig aussehendes Haus.

Major Shepherd hätte sich die Mühe dieser Vorsichtsmaßnahmen sparen können; niemand hatte im Sinne, ihn auszuspähen, denn jeder wusste sehr wohl, wer in der Charlotte Street Nr. 27 wohnte. Es war allgemein bekannt, dass die große, dunkle Frau, die in Nr. 27 wohnte, Mrs Charles Shepherd war, und dass das kleine Mädchen, das neben ihr herlief bei den seltenen Gelegenheiten, da man die Frau auf der Straße sah, des Majors Töchterlein war. Es hieß, der Major wünsche nicht, dass sie viel in der Stadt herumgehe, damit sie nicht die Aufmerksamkeit der Neugierigen auf sich ziehe, welche versucht sein könnten, Nachforschungen anzustellen.

Major's little daughter, and it had been noticed that this little girl went forth now and then, basket on her arm, to do the marketing. It was said that Mrs Shepherd had been a servant in some lodging-house where the Major had been staying; other scandalmongers declared that they knew for certain that the Major had made his wife's acquaintance in the street. Rumour had never wandered far from the truth. The Major had met his wife one night as he was coming home from his club. They seemed to suit one another; he saw her frequently for several months, and then, fearing to lose her, in a sudden access of jealousy – he had some time before been bitterly jilted – he proposed to marry her. The arrival of his parents, who came up to town beseeching of him to do nothing rash, only served to intensify his determination, and, losing his temper utterly, he told his father and mother that he would never set his foot in Appleton Park in their lifetime if they ever again ventured to pry into his private affairs; and, refusing to give any information regarding his intentions, he asked them to leave his lodgings. What he did after they never knew; years went by, and they sighed and wondered, but the matter was never alluded to in Appleton Park.

But the Major had only £400 a year, and though he lived at Appleton Park, never spending a penny more than was necessary, he could not allow her more than £3 a week. He had so many expenses: his club, his clothes, and all the incidental expenses he was put to in the grand houses where he went to stay. By strict economy, however, Mrs Shepherd managed to make two ends meet. Except when she was too ill and had to call in a charwoman to help

Es war aufgefallen, dass dieses kleine Mädchen gelegentlich ausging, und dann, mit dem Korb unterm Arm, auf dem Markt einkaufte. Man erzählte sich, dass Mrs Shepherd in einem Mietshaus, in dem der Major gewohnt hatte, Dienstmädchen gewesen sei; andere Lästermäuler erklärten, sie wüssten ganz bestimmt, dass der Major die Bekanntschaft seiner Frau auf der Straße gemacht habe. Das Gerücht war nicht weit von der Wahrheit entfernt. Der Major hatte seine Frau eines Abends kennengelernt, als er von seinem Klub nach Hause kam. Die beiden schienen aneinander Gefallen zu finden; mehrere Monate lang sah er sie häufig, und als er dann befürchtete, sie zu verlieren – er war einige Zeit zuvor elend sitzengelassen worden –, machte er ihr in einem plötzlichen Eifersuchtsanfall einen Heiratsantrag. Das Erscheinen seiner Eltern, die in die Stadt kamen, um ihn anzuflehen, doch nichts zu überstürzen, war nur dazu angetan, seine Entschlossenheit zu bekräftigen, und als er seine Beherrschung völlig verlor, sagte er seinen Eltern, dass er Appleton Park zu ihren Lebzeiten nie mehr betreten werde, falls sie es je wieder wagten, ihre Nasen in sein Privatleben zu stecken; er weigerte sich, irgendeine Auskunft bezüglich seiner Absichten zu geben, und ersuchte sie, seine Wohnung zu verlassen. Was er danach tat, erfuhren sie nie; Jahre vergingen, und sie seufzten und wunderten sich, aber in Appleton Park wurde nie auf die Sache angespielt.

Doch der Major hatte nur vierhundert Pfund im Jahr, und obschon er in Appleton Park wohnte und nie einen Pfennig mehr als notwendig ausgab, konnte er seiner Frau nicht mehr als drei Pfund in der Woche zugestehen. Er hatte so viele Auslagen: seinen Klub, seine Kleidung und all die Nebenkosten, die ihm in den großen Häusern entstanden, in denen er sich einquartierte. Aber durch strenge Sparsamkeit gelang es Mrs Shepherd, sich nach der Decke zu strecken. Sie nahm sich der ganzen Hausarbeit selber an, außer wenn sie

her with the heaviest part of the work, she undertook the entire housework herself: when times were hardest, she had even taken in a lodger, not thinking herself above cooking and taking up his dinner. She had noticed that her economies endeared her to the Major, and it was pleasant to please him. Hers was a kind-hearted, simple nature, that misfortune had brought down in the world; but, as is not uncommon with persons of weak character, she possessed a clear, sensible mind which allowed her to see things in their true lights, and without difficulty she recognized the unalterable nature of her case. It mattered little whether the Major acknowledged her or not, his family would never have anything to do with her; the doors of Society were for ever closed against her. So within a year of her marriage with the Major she was convinced that her marriage had better be kept a secret; for, by helping to keep it a secret, she could make substantial amends to the man who had married her; by proclaiming it to the world, she would only alienate his affection. She understood this very well, and in all docility and obedience lent herself to the deception, accepting without complaint a mean and clandestine existence. But she would not allow her little girl to carry up a jug of hot water, and it was only rarely, when prostrate with pain, that she allowed Nellie to take the basket and run round to the butcher's and buy a bit of steak for their dinner. The heiress of Appleton Park must be brought up free from all degrading memory. But for herself she had no care. Appleton Park could never be anything to her, even if she outlived the old people, which was hardly probable. What would she, a poor invalid, do there? She did not wish to compromise

zu krank war und eine Putzfrau herbeiholen musste, um Hilfe beim schwersten Teil der Arbeit zu haben. Als die Zeiten am härtesten waren, hatte sie sogar einen Untermieter aufgenommen und war sich nicht zu gut, für ihn zu kochen und ihm sein Abendessen hinaufzutragen. Sie hatte bemerkt, dass ihr sparsames Wirtschaften den Major für sie einnahm, und es war angenehm, ihm zu gefallen. Sie besaß ein gütiges, schlichtes Wesen, dem das Missgeschick in der Welt zugesetzt hatte; doch, wie nicht ungewöhnlich bei Personen von schwachem Charakter, hatte sie einen klaren, gesunden Verstand, der es ihr erlaubte, die Dinge in ihrem wahren Licht zu sehen, und mühelos erkannte sie die nicht zu verändernde Natur ihrer Lage. Es kam wenig darauf an, ob der Major sie anerkannte oder nicht, seine Familie würde nie etwas mit ihr zu tun haben wollen; die Türen der Gesellschaft blieben ihr für immer verschlossen. Daher war sie binnen eines Jahres nach ihrer Eheschließung mit dem Major überzeugt, dass es besser sei, ihre Heirat geheim zu halten, denn durch ihre Mithilfe bei der Geheimhaltung könnte sie dem Mann, der sie geehelicht hatte, das Leben beträchtlich erleichtern; durch ein Hinausposaunen würde sie sich nur um seine Zuneigung bringen. Sie verstand das sehr gut, und mit aller Gelehrigkeit und allem Gehorsam gab sie sich der Täuschung hin und nahm klaglos ein armseliges Leben im Verborgenen auf sich. Doch ihrem Töchterchen wollte sie nicht gestatten, einen Krug heißen Wassers hinaufzutragen, und nur selten, wenn sie mit Schmerzen daniederlag, erlaubte sie Nellie, den Korb zu nehmen und zum Metzger um die Ecke zu laufen, um ein kleines Steak für ihrer beider Abendessen zu kaufen. Die Erbin von Appleton Park müsse frei von jeglicher entwürdigender Erinnerung aufwachsen. Auf sich selber achtete sie nicht. Appleton Park konnte nie etwas für sie sein, selbst wenn sie die alten Leute überlebte, was kaum wahrscheinlich war. Was würde sie, die arme Kranke, dort auch tun? Sie wollte die

her husband's future, and still less the future of her darling daughter. She could only hope that, when dead, her sins would be forgiven her; and that this release might not be long delayed she often prayed. The house was poor, and she was miserable, but any place was good enough to suffer in. So she said when she rose and dragged herself downstairs to do a little cooking; and the same thought came to her when she lay all alone in the little parlour, furnished with what a few pounds could buy – a paraffin-lamp, a round table, a few chairs, an old and ill-padded mahogany armchair, in which it was a torture to lie; not an ornament on the chimney-piece, not a flower, not a book to while away the interminable hours. From the barren little passage, covered with a bit of oil-cloth, all and everything in 27 was meagre and unimaginative. The Major had impressed his personality upon the house. Everything looked as if it had been scraped. There was a time when Mrs Shepherd noticed the barrenness of her life; but she had grown accustomed to it, and she waited for the Major in the terrible armchair, glad when she heard his step, almost happy when he sat by her and told her what was happening "at home".

He took her hand and asked her how she was. "You are looking very tired, Alice."

"Yes, I'm a little tired. I have been working all the morning. I made up my room, and then I went out to the butcher's and bought a piece of steak. I have made you such a nice pudding for your lunch; I hope you will like it."

"There's not much fear about my liking any beef-steak pudding you make, dear; I never knew anyone who could make one like you. But you should not

Zukunft ihres Gatten nicht aufs Spiel setzen und noch weniger die ihrer geliebten Tochter. Sie konnte nur hoffen, dass ihr nach ihrem Tod die Sünden vergeben würden; oft betete sie, dass diese Erlösung nicht lange ausbleiben möge. Das Haus war schäbig und sie fühlte sich elend, doch um zu leiden, war jeder Ort gut genug. So sagte sie sich, wenn sie aufstand und sich die Treppe hinunterschleppte, um eine Kleinigkeit zu kochen; und der gleiche Gedanke kam ihr, wenn sie allein in dem kleinen Wohnzimmer lag, das mit dem ausgestattet war, was man für ein paar Pfund kaufen konnte: einer Öllampe, einem runden Tisch, etlichen Stühlen, einem alten, schlecht gepolsterten Lehnsessel aus Mahagoni, in dem zu liegen eine Qual war, keinem einzigen Schmuckstück auf dem Kaminsims, keiner Blume, keinem Buch, um sich die endlosen Stunden zu vertreiben. Angefangen bei dem kahlen, kleinen, mit etwas Wachsleinwand verkleideten Gang, war alles, rein alles in Nr. 27 dürftig und einfallslos. Der Major hatte dem Haus seinen Stempel aufgedrückt. Alles sah aus wie mühsam zusammengekratzt. Es gab eine Zeit, in der Mrs Shepherd die Öde ihres Lebens spürte; doch sie hatte sich daran gewöhnt, und sie wartete in dem grässlichen Lehnstuhl auf den Major, freute sich, wenn sie seinen Schritt hörte, und war fast glücklich, wenn er bei ihr saß und ihr erzählte, was «daheim» los war.

Er nahm ihre Hand und fragte sie, wie es ihr gehe. «Du siehst sehr abgespannt aus, Alice.»

«Ja, ich bin ein wenig müde. Ich habe den ganzen Vormittag gearbeitet. Ich habe mein Zimmer sauber gemacht und bin dann zum Metzger gegangen, um ein Steak zu kaufen. Ich habe dir zu Mittag so einen leckeren Pudding gemacht; ich hoffe, du magst ihn.»

«Ich habe keine Sorge, dass ich einen Rindfleischpudding, den du gemacht hast, nicht mag, meine Liebe; ich kannte nie jemanden, der ihn so gut zu machen verstand wie du. Doch du

tire yourself – and just as you are beginning to get better."

Mrs Shepherd smiled and pressed her husband's hand. The conversation fell. At the end of a long silence Mrs Shepherd said: "What has happened to trouble you, dear? I know something has, I can see it by your face."

Then the Major told how unpleasantly his sisters had answered him when he had ventured to suggest that they saw far too much of their new neighbours, who were merely common sort of Londoners, and never would be received by the county. "I'm sure that someone must have told them of my visits here; I'm sure they suspect something ... Girls are very sharp nowadays."

"I am sorry, but it is no fault of mine. I rarely leave the house, and I never walk in the principal streets if I can possibly help it."

"I know, dear, I know that no one can be more careful than you; but as people are beginning to smell a rat notwithstanding all our precautions, I suppose there's nothing for it but to go back to London."

"Oh, you don't think it will be necessary to go back to London, do you? The place suits the child so well, and it is so nice to see you almost every day; and it is such a comfort when you are not here to know you are only a few miles away; and from the top of the hill the trees of the park are visible, and whenever I feel well enough I walk there and think of the time our Nellie will be the mistress of all those broad acres."

"It is the fault of the busybodies," he said; "I cannot think what pleasure people find in meddling in other people's affairs. I never care what anyone

solltest dich nicht überanstrengen – und dies gerade, wo es dir allmählich besser geht.»

Mrs Shepherd lächelte und drückte ihrem Mann die Hand. Die Unterhaltung erlahmte. Am Ende eines langen Schweigens sagte Mrs Shepherd: «Was war los, das dir Kummer macht, Lieber? Ich weiß, dass etwas gewesen ist; das kann ich deinem Gesicht ansehen.»

Dann erzählte der Major, wie unangenehm seine Schwestern ihm geantwortet hatten, als er vorzubringen gewagt hatte, dass sie viel zu häufig ihre neuen Nachbarinnen sahen, die bloß gewöhnliche Londoner waren und nie vom Landadel anerkannt werden würden. «Ich bin mir sicher, dass jemand ihnen von meinen Besuchen hier berichtet haben muss ... Mädchen sind heute sehr wachsam.»

«Tut mir leid, doch das ist nicht meine Schuld. Ich verlasse selten das Haus und gehe nie, wenn ich es irgend vermeiden kann, in den Hauptstraßen umher.»

«Ich weiß, Liebe, ich weiß, dass niemand achtsamer sein kann als du; aber da die Leute trotz all unseren Vorsichtsmaßnahmen beginnen, Lunte zu riechen, gibt es vermutlich keinen anderen Ausweg, als den, nach London zurückzuziehen.»

«Oh, du glaubst doch nicht, dass es nötig ist, nach London zurückzugehen, oder? Der Ort hier gefällt dem Kind so gut, und es ist so schön, dich fast jeden Tag zu sehen; und wenn du nicht hier bist, ist es so tröstlich, zu wissen, dass du nur ein paar Meilen entfernt bist; und von der Kuppe des Hügels aus sind die Bäume des Parks zu sehen, und immer wenn ich mich gesund genug fühle, gehe ich dorthin und denke an die Zeit, da unsere Nellie die Herrin über all diese weiten Ländereien sein wird.»

«Die Wichtigtuerinnen sind daran schuld», sagte er; «ich verstehe nicht, warum Leute Lust haben, sich in anderer Leute Angelegenheiten einzumischen. Ich kümmere mich nie da-

else does. I have quite enough to do thinking of my own."

Mrs Shepherd did not answer. "I see," he said, "you don't like moving, but if you remain here all the trouble we have taken not to get found out these last ten years will go for nothing. There will be more worry and vexations, and I really don't think I could bear much more; I believe I should go off my head." The little man spoke in a calm, even voice, and stroked his silky moustache gravely.

"Very well, then, my dear, I'll return to town as soon as you like – as soon as it is convenient. I daresay you are right."

"I'm sure I am. You have never found me giving you wrong advice yet, have you, dear?"

Then they went down to the kitchen to eat the steak pudding; and when the Major had finished his second helping he lit his pipe, and the conversation turned on how they should get rid of their house, and how much the furniture would fetch. When he had decided to sell the furniture, and had fixed the day of their departure, Mrs Shepherd said –

"There's one thing I have to ask you, dear, and I hope you won't refuse my request. I should like to see Appleton Park before I leave. I should like to go there with Nellie and see the house and the lands that will one day belong to her."

"I don't know how it is to be managed. If you were to meet my mother and sisters they would be sure to suspect something at once."

"No one will know who I am. I should like to walk about the grounds for half an hour with the

rum, was ein anderer tut. Ich bin genug damit beschäftigt, an meine eigenen zu denken.»

Mrs Shepherd gab keine Antwort. «Ich sehe», sagte er, «dass du nicht gern umziehst, doch wenn du hierbleibst, war alle Mühe, die wir uns die letzten zehn Jahre gegeben haben, dass niemand uns entdeckt, umsonst. Wir werden mehr Verdruss und Unannehmlichkeiten bekommen, und ich glaube wirklich nicht, dass ich viel mehr ertragen könnte; ich denke, ich würde überschnappen.» Der kleine Mann sprach mit ruhiger, gleichmäßiger Stimme und strich sich ernst seinen seidenen Schnauzbart.

«Na gut, wenn es denn sein muss, mein Lieber, werde ich, sobald du willst, in die Stadt zurückkehren – sobald es passt. Ich glaube wohl, dass du recht hast.»

«Sicher habe ich recht. Du hast es noch nie erlebt, dass ich dich falsch beraten habe. Stimmt's, Liebe?»

Dann gingen sie in die Küche hinunter, um den Fleischpudding zu essen; und als der Major mit seiner zweiten Portion fertig war, zündete er seine Pfeife an, und die Unterhaltung drehte sich darum, wie sie ihr Haus loswerden sollten und wie viel die Möbel einbringen würden. Als er beschlossen hatte, die Möbel zu verkaufen und den Tag der Abreise von Mrs Shepherd und ihrer Tochter festgesetzt hatte, sagte sie:

«Ich muss dich um eines bitten, Lieber, und ich hoffe, du schlägst mir meine Bitte nicht ab. Ich würde Appleton Park gern sehen, ehe ich weggehe. Ich möchte mit Nellie dort hingehen und das Haus sowie die Ländereien sehen, die ihr eines Tages gehören werden.»

«Ich weiß nicht, wie man das bewerkstelligen soll. Würdest du meiner Mutter und meinen Schwestern begegnen, würden sie sicherlich sofort Verdacht schöpfen.»

«Niemand wird erfahren, wer ich bin. Ich würde gern eine halbe Stunde lang mit dem Kind auf den Ländereien herum-

child. If I don't see Appleton now I never shall see it."

The Major stroked his long, silky moustache with his short, crabbed little hand. He remembered that he had heard the carriage ordered for two o'clock – they were all going to a tennis-party some miles distant. Under the circumstances she might walk about the grounds without being noticed. He did not think any of the gardeners would question her, and, if they did, he could trust her to give an evasive answer. And then he would like her to see the place – just to know what she thought of it.

"Won't you say yes?" she said at last, her voice breaking the silence sharply.

"I was just thinking, dear: they have all gone to a tennis-party today. There'll be no one at home."

"Well! why not today?"

"Well; I was thinking I've been lucky enough to get hold of some very interesting information about the Websters – about their ancestor Sir Thomas, who distinguished himself in the Peninsular – and I wanted to get it copied under the proper heading, but I daresay we can do that another day. The only thing is, how are you to get there? You are not equal to walking so far –"

"I was thinking, dear, that I might take a fly. I know there is the expense, but …"

"Yes; five or six shillings, at least. And where will you leave the fly? At the lodge gate? The flyman would be sure to get into conversation with the lodge-keeper or his wife. He'd tell them where he came from, and –"

"Supposing you were to get a two-wheeled trap and drive me yourself; that would be nicer still."

gehen. Wenn ich Appleton jetzt nicht sehe, werde ich es nie sehen.»

Der Major strich sich mit seinem kurzen, rauen Händchen mürrisch den langen, seidenen Schnauzbart. Er erinnerte sich, dass er gehört hatte, die Kutsche sei für zwei Uhr bestellt – sie wollten alle zu einem Tennisspiel fahren, das einige Meilen entfernt stattfand. Unter diesen Umständen könnte sie unbemerkt auf den Ländereien umhergehen. Er glaubte nicht, dass einer der Gärtner sie befragen würde, und wenn, dann konnte er sich darauf verlassen, dass sie eine ausweichende Antwort gäbe. Und außerdem hätte er gern, dass sie den Ort sah – bloß um zu erfahren, was sie davon hielt.

«Willst du nicht Ja sagen?», sagte sie schließlich, wobei ihre Stimme die Stille scharf unterbrach.

«Ich habe gerade überlegt, Liebe: Sie sind heute alle zu einem Tennisspiel fort. Es wird niemand zu Hause sein.»

«Nun, warum nicht heute?»

«Gut. Ich dachte mir soeben, dass ich wirklich Glück gehabt habe, eine sehr interessante Auskunft über die Websters zu ergattern – über deren Vorfahren Sir Thomas, der sich im Halbinselkrieg auszeichnete –, und die wollte ich unter der geeigneten Überschrift abschreiben lassen, aber das können wir allerdings an einem anderen Tag tun. Nur: wie sollt ihr dorthin kommen? Ihr seid nicht imstande, so weit zu Fuß zu gehen ...»

«Ich dachte daran, Lieber, dass ich eine Droschke nehmen könnte. Ich weiß, das kostet Geld, aber ...»

«Ja; fünf bis sechs Schilling, mindestens. Und wo willst du aussteigen? Am Pförtnertor? Der Droschkenkutscher würde sicherlich mit dem Pförtner oder dessen Frau ein Gespräch anknüpfen. Er würde ihnen erzählen, woher er gekommen ist und ...»

«Vielleicht könntest du eine offene Zweirad-Kutsche kriegen und mich selber fahren; das wäre noch netter.»

"I'm so unlucky; someone would be sure to see me."

The Major puffed at his pipe in silence. Then he said, "If you were to put on a thick veil, and we were to get out of the town by this end and make our way through the lanes – it would be a long way round; but one hardly meets anyone that way, and the only danger would be going. We should return in the dusk. I don't care how late you make it; my people won't be home till nine or ten o'clock at night, perhaps later still. There will be dancing, and they are sure to stay late."

Finally the matter was decided, and about four o'clock the Major went to the livery stable to order the trap. Mrs Shepherd and Nellie joined him soon after. Turning from the pony, whose nose he was stroking, he said, "I hope you have brought a thick shawl; it will be cold coming back in the evening."

"Yes, dear, here it is, and another for Nellie. What do you think of this veil?"

"It will do very well. I do hope these stablemen won't talk; let's go off at once." The Major lifted in the child, tucked the rug about them, and cried to the stableman to let go. He drove very nervously, afraid at every moment lest the pony should bolt; and when the animal's extreme docility assured him there was no such danger, he looked round right and left, expecting at every moment some friend to pounce down upon him. But the ways were empty, the breeze that came across the fields was fresh and sweet, and they were all beginning to enjoy themselves, when he suddenly espied a carriage following in his wake. He whipped up

«Ich bin so ein Pechvogel; sicherlich würde mich jemand sehen.»

Der Major paffte schweigsam an seiner Pfeife. Dann sagte er: «Solltest du einen dicken Schleier umlegen und wir so aus der Stadt hinauskommen und über die Feldwege fahren, wäre es ein langer Umweg; doch auf diesem Weg trifft man kaum jemanden, und die einzige Gefahr bestünde, wenn man zu Fuß geht. Wir würden in der Dunkelheit zurückkehren. Es macht mir nichts aus, wie spät es bei dir wird; meine Leute werden nicht vor neun oder zehn Uhr abends zurück sein; vielleicht noch später. Dort wird getanzt und sie bleiben sicher lange.»

Schließlich wurde die Sache entschieden, und um etwa vier Uhr ging der Major zur Pferdevermietung, um die Kutsche zu bestellen. Mrs Shepherd und Nellie folgten ihm bald darauf. Als er sich von dem Pony abwandte, dessen Nase er gerade streichelte, sagte er: «Ich hoffe, du hast einen dicken Schal mitgebracht; es wird kalt sein, wenn wir am Abend zurückkommen.»

«Ja, Lieber, hier ist er, und noch einer für Nellie. Was hältst du von diesem Schal?»

«Er wird seinen Zweck bestens erfüllen. Ich hoffe, diese Stallknechte halten den Mund; lass uns gleich aufbrechen!» Der Major hob das Kind hinein, steckte die Decke um die beiden herum fest und rief dem Pferdeknecht zu, loszulassen. Er kutschierte sehr nervös und fürchtete jeden Augenblick, das Pony könnte durchgehen; und als die außergewöhnliche Fügsamkeit des Tieres ihn beruhigte, dass keine solche Gefahr bestand, blickte er sich nach rechts und links um, weil er jeden Augenblick damit rechnete, dass irgendein Freund über ihn herfiel. Doch die Wege waren menschenleer, die über die Felder streichende Brise war frisch und wohlriechend, und sie fingen alle an, sich zu freuen, als der Major auf einmal eine Kutsche hinter sich erspähte. Er trieb das Pony mit der

the pony, and contrived to distance his imaginary pursuer; and having succeeded, he praised his own driving, and at the cross-roads he said: "I dare not go any farther, but you can't miss the lodge gate in that clump of trees – the first white gate you come to. Don't ask any questions; it is ten to one you'll find the gate open; walk straight through, and don't forget to go through the beech-wood at the back of the house; the river runs right round the hill. I want to know what you think of the view. But pray don't ask to see the house; there's nothing to see; the housemaids would be sure to talk, and describe you to my sisters. So now goodbye; hope you'll enjoy yourself. I shall have just time to get to Hambrook and back; I want to see my solicitor. You'll have seen everything in a couple of hours, so in a couple of hours I shall be waiting for you here."

2

It was as the Major said. The lodge-keepers asked no questions, and they passed up the drive, through the silence of an overgrowth of laurels and rhododendrons. Then the park opened before their eyes. Nellie rolled on the short, crisp, worn grass, or chased the dragonflies; the spreading trees enchanted her, and, looking at the house – a grey stone building with steps, pillars, and pilasters, hidden amid cedars and evergreen oaks – she said, "I never saw anything so beautiful; is that where the Major goes when he leaves us? Look at the flowers, Mother, and the roses. May we not go in there – I don't mean into the house? I heard the Major ask you not to go in for fear we should meet the housemaids – but just past this railing, into the garden?

Peitsche an und brachte es fertig, seinen vermeintlichen Verfolger weit hinter sich zu lassen. Nachdem ihm das gelungen war, lobte er seine eigene Fahrkunst, und an der Wegkreuzung sagte er: «Weiter wage ich nicht zu fahren, doch ihr könnt das Pförtnertor in der Baumgruppe dort nicht verfehlen – das erste weiße Tor, an das ihr kommt. Stellt keine Fragen; es steht zehn zu eins, dass ihr das Tor offen vorfindet; geht geradewegs hindurch und vergesst nicht, durch den Birkenwald hinter dem Haus zu gehen; der Fluss läuft rund um den Hügel. Ich will wissen, wie ihr den Ausblick findet. Aber verzichtet bitte darauf, das Haus zu sehen; da ist nichts zu sehen; die Dienstmädchen würden gewiss plaudern und euch meinen Schwestern beschreiben. Jetzt also auf Wiedersehen; ich hoffe, dass ihr euch vergnügt. Ich habe gerade Zeit genug für Hambrook und zurück; ich will meinen Anwalt aufsuchen. In ein paar Stunden habt ihr alles gesehen, also werde ich in ein paar Stunden hier auf euch warten.»

2
Es war, wie der Major gesagt hatte. Die Pförtner stellten keine Fragen, und sie gingen die Auffahrt entlang, durch die Stille eines Gesträuchs von Lorbeer und Rhododendron. Dann tat sich der Park vor ihren Augen auf. Nellie wälzte sich auf dem kurzen, saftigen, abgetretenen Gras oder jagte hinter den Libellen her; die ausladenden Bäume entzückten sie, und als sie das Haus betrachtete – einen grauen Steinbau mit Treppen, Säulen und Stützpfeilern, unter Zedern und immergrünen Eichen versteckt –, sagte sie: «Ich habe noch nie so etwas Schönes gesehen; geht der Major hierher, wenn er uns verlässt? Schau die Blumen an, Mutter, und die Rosen! Können wir nicht da hineingehen? Ich meine nicht ins Haus. Ich habe gehört, dass der Major dich gebeten hat, nicht ins Haus zu gehen, weil er fürchtet, wir könnten den Hausangestellten begegnen. Bloß über dieses Gitter hinaus, in den Garten? Hier

Here is the gate." The child stood with her hand on
the wicket, waiting for reply: the mother stood as
in a dream, looking at the house, thinking vaguely
of the pictures, the corridors, and staircases, that lay
behind the plate-glass windows.

"Yes; go in, my child."

The gardens were in tumult of leaf and bloom, and
the little girl ran hither and thither, gathering single
flowers, and then everything that came under her
hands, binding them together in bouquets – one for
mother, one for the Major, and one for herself. Mrs
Shepherd only smiled a little bitterly when Nellie
came running to her with some new and more splen-
did rose. She did not attempt to reprove the child.
Why should she? Everything here would one day be
hers. Why then should the present be denied them?
And so did her thoughts run as she walked across
the sward following Nellie into the beechwood that
clothed the steep hillside. The pathway led by the
ruins of some Danish military earthworks, ancient
hollows full of leaves and silence. Pigeons cooed in
the vast green foliage, and from time to time there
came up from the river the chiming sound of oars.
Rustic seats were at pleasant intervals, and, feeling
a little tired, Mrs Shepherd sat down. She could see
the river's silver glinting through the branches, and,
beyond the river, the low-lying river lands, dotted
with cattle and horses grazing, dim already with blue
evening vapours. In the warm solitude of the wood
the irreparable misfortune of her own life pressed
upon her: and in this hour of lassitude her loneliness
seemed more than she could bear. The Major was
good and kind, but he knew nothing of the weight
of the burden he had laid upon her, and that none

ist die Sperre.» Das Kind hatte die Hand an der Tür mit dem
Drehkreuz und wartete auf Antwort: Die Mutter stand wie im
Traum da, blickte auf das Haus und dachte zusammenhanglos
an die Bilder, die Gänge und Treppenhäuser, die sich hinter
den Spiegelglasfenstern befanden.

«Ja, geh hinein, mein Kind.»

Die Gärten waren in einem Rausch von Laub und Blüten,
und das kleine Mädchen lief hierhin und dorthin, sammelte
einzelne Blumen, dann alles, was ihr unter die Hände kam,
und band sie zu Sträußen zusammen – einen für die Mutter,
einen für den Major und einen für sich selbst. Mrs Shepherd
lächelte nur ein wenig bitter, als Nellie mit einer frischen und
noch prächtigeren Rose auf sie zukam. Sie versuchte nicht, die
Tochter zu tadeln. Warum sollte sie auch? Alles hier würde
eines Tages ihr gehören. Warum sollte ihnen dann die Gegenwart verwehrt sein? In diese Richtung gingen ihre Gedanken,
als sie den Rasen überquerte und Nellie in den Buchenwald
folgte, der den steilen Abhang bedeckte. Der Pfad führte an
den Ruinen einer dänischen Feldschanze vorbei, alte Löcher
voll Laub und Stille. Tauben gurrten in dem üppigen grünen
Laub, und von Zeit zu Zeit drang vom Fluss herauf das rhythmische Geräusch von Rudern. In angenehmen Abständen
standen rustikale Bänke, und da Mrs Shepherd sich ein wenig
müde fühlte, setzte sie sich. Sie konnte das Silber des Flusses
durch die Zweige hindurch glitzern sehen, und auf der anderen Seite des Flusses die schon im Halbdunkel liegenden, in
blaue Abendnebel gehüllten tief liegenden Auen, auf denen
verstreut Rinder und Pferde weideten. In der warmen Einsamkeit des Waldes lastete der nicht wiedergutzumachende
Fehltritt ihres eigenen Lebens auf ihr: Und in dieser Stunde
der Erschöpfung schien ihre Einsamkeit mehr zu sein, als
sie ertragen konnte. Der Major war gut und wohlmeinend,
wusste aber nichts vom Gewicht der Last, die er ihr aufgebürdet hatte, und dass niemand vom Gewicht dieser Last wissen

should know was in this moment a greater weight than the burden itself. Nellie was exploring the ancient hollows where Danes and Saxons had once fought, and had ceased to call forth her discoveries when Mrs Shepherd's bitter meditation was broken by the sudden sound of a footstep.

The intruder was a young lady. She was dressed in white, her pale gold hair was in itself an aristocracy, and her narrow slippered feet were dainty to look upon. "Don't let me disturb you," she said. "This is my favourite seat; but I pray you not to move, there is plenty of room." So amiable was she in voice and manner that Mrs Shepherd could not but remain, although she had already recognized the girl as one of the Major's sisters. Fearing to betray herself, greatly nervous, Mrs Shepherd answered briefly Miss Shepherd's allusions to the beauty of the view. At the end of a long silence Miss Shepherd said, "I think you know my brother, Major Shepherd."

Mrs Shepherd hesitated, and then she said: "No. I have never heard the name."

"Are you sure? Of course, I may be mistaken; but –"

Ethel made pause, and looked Mrs Shepherd straight in the face. Smiling sadly, Mrs Shepherd said, "Likenesses are so deceptive."

"Perhaps, but my memory is pretty good for faces ... It was two or three months ago, we were going up to London, and I saw my brother get into the train with a lady who looked like you. She really was very like you."

Mrs Shepherd smiled and shook her head.

"I do not know the lady my brother was with, but I've often thought I should like to meet her."

sollte, war in diesem Augenblick eine größere Last als diese
selbst. Nellie war dabei, die alten Erdlöcher zu durchstöbern,
wo Dänen und Sachsen einst gekämpft hatten, und hatte aufgehört, ihre Entdeckungen laut kundzutun, als Mrs Shepherds
Grübeln durch das plötzliche Geräusch eines Schrittes unterbrochen wurde.

Der Eindringling war eine junge Dame. Sie war in Weiß gekleidet, ihr blassgoldenes Haar war allein schon etwas Adeliges
und ihre schmalen, leichtbeschuhten Füße waren himmlisch
anzusehen. «Lassen Sie sich von mir nicht stören!», sagte sie.
«Es ist meine Lieblingsbank; doch bitte gehen Sie nicht weg,
es ist genug Platz.» So freundlich waren ihre Stimme und ihr
Auftreten, dass Mrs Shepherd nicht umhinkonnte zu bleiben,
wenngleich sie bereits erkannt hatte, dass das Mädchen eine
der Schwestern des Majors war. Da Mrs Shepherd sehr aufgeregt war und fürchtete, sich zu verraten, beantwortete sie
nur knapp Miss Shepherds Hinweise auf die schöne Aussicht.
Am Ende eines langen Schweigens sagte Miss Shepherd: «Ich
glaube, Sie kennen meinen Bruder, Major Shepherd.»

Mrs Shepherd zögerte und sagte dann: «Nein, den Namen
habe ich nie gehört.»

«Sind Sie sicher? Natürlich kann ich mich täuschen,
aber ...»

Ethel machte eine Pause und blickte Mrs Shepherd offen
ins Gesicht. Traurig lächelnd, sagte Mrs Shepherd: «Ähnlichkeiten sind so trügerisch.»

«Vielleicht, doch mein Gedächtnis für Gesichter ist ziemlich gut ... Erst vor zwei oder drei Monaten fuhren wir nach
London, und ich sah meinen Bruder in den Zug mit einer
Dame einsteigen, die aussah wie Sie. Sie war wirklich ganz
wie Sie.»

Mrs Shepherd lächelte und schüttelte den Kopf.

«Ich kenne die Dame nicht, die mein Bruder bei sich hatte,
habe aber oft gedacht, ich würde sie gern treffen.»

"Perhaps your brother will introduce you."

"No, I don't think he will. She has come to live at Branbury, and now people talk more than ever. They say that he is secretly married."

"And you believe it?"

"I don't see why it shouldn't be true. My brother is a good fellow in many ways, but, like all other men, he is selfish. He is just the man who would keep his wife hidden away in a lonely little lodging rather than admit that he had made a *mesalliance*. What I don't understand is why she consents to be kept out of the way. Just fancy giving up this beautiful place, these woods and fields, these gardens, that house for, for –"

"I suppose this woman gives up these things because she loves your brother. Do you not understand self-sacrifice?"

"Oh yes, if I loved a man ... But I think a woman is silly to allow a man to cheat and fool her to the top of his bent."

"What does it matter if she is happy?"

Ethel tossed her head. Then at the end of a long silence she said: "Would you care to see the house?"

"No, thank you, Miss; I must be getting on. Goodbye."

"You cannot get back that way, you must return through the pleasure-grounds. I'll walk with you. A headache kept me at home this afternoon. The others have gone to a tennis-party ... It is a pity I was mistaken. I should like to meet the person my brother goes every day to Branbury to see. I should like to talk with her. My brother has, I'm afraid, persuaded her that we would not receive her. But

«Vielleicht wird Ihr Bruder Sie vorstellen.»

«Nein, das glaube ich nicht. Sie ist nach Branbury gezogen und jetzt reden die Leute mehr denn je. Es heißt, er sei im Geheimen verheiratet.»

«Und glauben Sie das?»

«Ich weiß nicht, warum es nicht wahr sein sollte. Mein Bruder ist in vielerlei Hinsicht ein guter Mensch, aber wie alle anderen Männer ist er selbstsüchtig. Er ist genau der Mann, der seine Frau lieber in einer einsamen kleinen Behausung versteckt hält, als zuzugeben, dass er eine *Mesalliance* eingegangen ist. Was ich nicht verstehe, ist, warum sie einwilligt, so abseitsgehalten zu werden. Stellen Sie sich bloß vor, diesen schönen Ort, diese Wälder und Felder, diese Gärten, dieses Haus preiszugeben, für, für …»

«Wahrscheinlich gibt die Frau diese Dinge auf, weil sie Ihren Bruder liebt. Verstehen Sie nicht, was Selbstaufopferung ist?»

«Oh ja, wenn ich einen Mann liebte … Doch ich halte eine Frau für töricht, die ihrem Mann erlaubt, sie nach Herzenslust zu betrügen und zum Narren zu halten.»

«Was macht das aus, wenn sie glücklich ist?»

Ethel schüttelte den Kopf. Am Ende eines langen Schweigens sagte sie dann: «Hätten Sie Lust, das Haus anzusehen?»

«Nein, danke, Miss; ich muss jetzt weiter. Leben Sie wohl!»

«Auf diesem Weg können Sie nicht zurück, Sie müssen durch die Gartenanlagen zurückgehen. Ich will Sie begleiten. Wegen Kopfschmerzen bin ich heute Nachmittag daheimgeblieben. Die andern sind zu einem Tennisspiel gefahren … Schade, dass ich mich geirrt habe. Ich würde gern der Frau begegnen, die mein Bruder jeden Tag in Branbury besucht. Ich würde gern mit ihr plaudern. Mein Bruder hat ihr, fürchte ich, eingeredet, dass wir sie nicht empfangen würden. Doch das stimmt nicht; wir würden sie nur allzu gern

this is not true; we should only be too glad to receive her. I have heard Father and Mother say so – not to Charles, they dare not speak to him on the subject, but they have to me."

"Your brother must have some good reason for keeping his marriage secret. This woman may have a past."

"Yes, they say that – but I should not care if I liked her, if I knew her to be a good woman now."

To better keep the Major's secret, Mrs Shepherd had given up all friends, all acquaintance. She had not known a woman-friend for years, and the affinities of sex drew her to accept the sympathy with which she was tempted. The reaction of ten years of self-denial surged up within her, and she felt that she must speak, that her secret was being dragged from her. Ethel's eyes were fixed upon her – in another moment she would have spoken, but at that moment Nellie appeared climbing up the steep bank. "Is that your little girl? Oh, what a pretty child!" Then raising her eyes from the child and looking the mother straight in the face, Ethel said, "She is like, she is strangely like, Charles."

Tears glistened in Mrs Shepherd's eyes, and then, no longer doubting that Mrs Shepherd would break down and in a flow of tears tell the whole story of her life, Ethel allowed a note of triumph to creep into her voice, and before she could stop herself she said, "And that little girl is the heiress of Appleton Park."

Mrs Shepherd's face changed expression.

"You are mistaken, Miss Shepherd," she said;

empfangen. Ich habe gehört, dass Vater und Mutter das gesagt haben – nicht zu Charles; mit ihm trauen sie sich nicht über das Thema zu sprechen, aber zu mir haben sie es gesagt.»

«Ihr Bruder muss einen guten Grund haben, seine Heirat geheimzuhalten. Diese Frau hat vielleicht eine Vergangenheit.»

«Ja, das wird erzählt – doch wenn ich sie gernhätte, würde mich das nicht kümmern, wenn ich wüsste, dass sie *jetzt* eine gute Frau ist.»

Um das Geheimnis des Majors besser zu schützen, hatte Mrs Shepherd alle Freundinnen und Bekannten aufgegeben. Seit Jahren hatte sie keine Freundin kennengelernt, und die Wahlverwandtschaft des Geschlechts bewirkte, dass sie die Sympathie, durch die sie auf die Probe gestellt wurde, annahm. Die Reaktion auf zehn Jahre Selbstverleugnung brach in ihr auf, und sie fühlte, dass sie reden musste, dass ihr jetzt ihr Geheimnis entrissen werden würde. Ethels Augen waren auf sie gerichtet – noch ein Augenblick, und sie hätte gesprochen, doch eben in diesem Augenblick erschien Nellie, die den steilen Erdwall hinaufkletterte. «Ist das Ihr Töchterchen? Oh, was für ein hübsches Kind!» Dann wandte Ethel die Augen von dem Kind, blickte der Mutter gerade ins Gesicht und sagte: «Sie sieht Charles ähnlich, merkwürdig ähnlich.»

In Mrs Shepherds Augen funkelten Tränen, und als dann kein Zweifel mehr bestand, dass Mrs Shepherd zusammenbrechen und in einer Flut von Tränen die ganze Geschichte ihres Lebens erzählen würde, ließ Ethel es zu, dass sich eine Anwandlung von Siegesfreude in ihre Stimme einschlich, und ehe sie sich selber bremsen konnte, sagte sie: «Und dieses kleine Mädchen ist die Erbin von Appleton Park.»

Mrs Shepherds Gesichtsausdruck veränderte sich.

«Sie täuschen sich, Miss Shepherd», sagte sie. «Aber wenn

"but if I ever meet your brother I will tell him that you think my little girl like him."

Mrs Shepherd pursued her way slowly across the park, her long weary figure showing upon the sunset, her black dress trailing on the crisp grass. Often she was obliged to pause; the emotion and exercise of the day had brought back pain, and her whole body thrilled with it. Since the birth of her child she had lived in pain. But as she leaned against the white gate, and looked back on the beautiful park never to be seen by her again, knowledge of her sacrifice quickened within her – the house and the park, and the manner and speech of the young girl, combined to help her to a full appreciation of all she had surrendered. She regretted nothing. However mean and obscure her life had been, it had contained at least one noble moment. Nellie pursued the dragonflies; Mrs Shepherd followed slowly, feeling like a victor in a great battle. She had not broken her trust; she had kept her promise intact; she would return to London tomorrow or next day, or at the end of the week, whenever the Major wished.

He was waiting for them at the corner of the lane, and Nellie was already telling him all she thought of the house, the woods, the flowers, and the lady who had sat down by Mother on the bench above the river. The Major looked at his wife in doubt and fear; her smile, however, reassured him. Soon after, Nellie fell asleep, and while she dreamed of butterflies and flowers Mrs Shepherd told him what had passed between her and his sister in the beechwood above the river.

"You see, what I told you was right. Your appearance has been described to them; they suspect something, and will never cease worrying until

ich Ihrem Bruder je begegne, werde ich ihm erzählen, dass Sie glauben, mein Töchterchen sähe ihm ähnlich.»

Mrs Shepherd ging langsam weiter durch den Park; ihre lange, abgehärmte Gestalt hob sich gegen den Sonnenuntergang ab, ihr schwarzes Kleid schleifte über das saftige Gras. Oft musste sie stehen bleiben; die Erregung und die Anstrengung des Tages hatten ihre Schmerzen erneuert, davon bebte ihr ganzer Körper. Seit der Geburt ihres Kindes hatte sie mit Schmerzen gelebt. Doch als sie sich an das weiße Tor lehnte und auf den schönen Park zurückblickte, den sie nie wieder sehen sollte, gab ihr das Wissen um ihr Opfer eine Erquickung; das Haus und der Park, das Auftreten und die Rede des jungen Mädchens verhalfen ihr zu einer vollen Einschätzung all dessen, was sie aufgegeben hatte. Sie bedauerte nichts. Wie armselig und unbedeutend ihr Leben auch gewesen war, es hatte zumindest *einen* erhabenen Augenblick enthalten. Nellie war hinter den Libellen her; Mrs Shepherd folgte langsam und kam sich wie eine Siegerin in einer großen Schlacht vor. Sie hatte das in sie gesetzte Vertrauen nicht gebrochen; sie hatte ihr Versprechen gehalten; sie würde nach London zurückfahren, wann immer der Major wollte: morgen oder übermorgen oder am Ende der Woche.

Er wartete auf die beiden an der Ecke des Feldwegs, und Nellie erzählte ihm gleich alles, wie sie das Haus fand und die Wälder, die Blumen und die Dame, die sich oberhalb des Flusses neben Mutter auf die Bank gesetzt hatte. Der Major blickte sein Frau zweifelnd und besorgt an; ihr Lächeln jedoch beruhigte ihn. Bald danach schlief Nellie ein, und während sie von Schmetterlingen und Blumen träumte, erzählte ihm Mrs Shepherd, was zwischen ihr und seiner Schwester im Birkenwald über dem Fluss vorgefallen war.

«Siehst du, was ich dir gesagt habe, war richtig. Deine Erscheinung ist ihnen beschrieben worden; sie hegen einen Verdacht und werden keine Ruhe geben, bis sie alles heraus-

they have found out everything. I'm not a bit surprised. Ethel always was the more cunning and the more spiteful of the two."

Mrs Shepherd did not tell him how nearly she had been betrayed into confession. She felt that he would not understand her explanation of the mood in which his sister had caught her. Men understand women so little. To tell him would be merely to destroy his confidence in her. As they drove through the twilight, with Nellie fast asleep between, he spoke of her departure, which he had arranged for the end of the week, and then, putting his arm round her waist, he said: "You have always been a good little woman to me."

gebracht haben. Ich bin kein bisschen überrascht. Ethel war schon immer die Listigere und Boshaftere von den beiden.»

Mrs Shepherd sagte ihm nicht, wie nahe sie daran gewesen war, sich zu einem Geständnis verleiten zu lassen. Sie spürte, dass er ihre Erklärung der Verfassung, in der seine Schwester sie ertappt hatte, nicht verstehen würde. Die Männer verstehen die Frauen ja so wenig. Ihm davon zu erzählen, würde nur bedeuten, sein Vertrauen in sie zu zerstören. Als sie in der Dämmerung dahinfuhren – Nellie schlief fest zwischen ihnen –, sprach er von ihrer Abreise, die er für das Ende der Woche in die Wege geleitet hatte, dann legte er den Arm um ihre Taille und sagte: «Du bist für mich immer eine gute kleine Frau gewesen.»

D. H. Lawrence
Fanny and Annie

Flame-lurid his face as he turned among the throng of flame-lit and dark faces upon the platform. In the light of the furnace she caught sight of his drifting countenance, like a piece of floating fire. And the nostalgia, the doom of home-coming went through her veins like a drug. His eternal face, flame-lit now! The pulse and darkness of red fire from the furnace towers in the sky, lighting the desultory, industrial crowd on the wayside station, lit him and went out.

Of course he did not see her. Flame-lit and unseeing! Always the same, with his meeting eyebrows, his common cap, and his red-and-black scarf knotted round his throat. Not even a collar to meet her! The flames had sunk, there was shadow.

She opened the door of her grimy, branch-line carriage, and began to get down her bags. The porter was nowhere, of course, but there was Harry, obscure, on the outer edge of the little crowd, missing her, of course.

"Here! Harry!" she called, waving her umbrella in the twilight. He hurried forward.

"Tha's come, has ter?" he said, in a sort of cheerful welcome. She got down, rather flustered, and gave him a peck of a kiss.

"Two suit-cases!" she said.

Her soul groaned within her, as he clambered into the carriage after her bags. Up shot the fire in the twilight sky, from the great furnace behind the

D. H. Lawrence
Fanny und Annie

Düsterrot sein Gesicht, als er sich in der Menge der vom Feuer beleuchteten, dunklen Gesichter auf dem Bahnsteig umdrehte. In der Helligkeit des Hochofens erblickte sie sein Antlitz, das dahintrieb wie ein Teil eines wallenden Feuers. Der Schmerz, der schicksalhaft zur Rückkehr gehört, drang ihr durch die Adern wie eine Droge. Sein altersloses Gesicht, jetzt von den Flammen erhellt! Das Flackern roten Feuers aus den Hochöfen am Himmel, von dem die unruhige Schar der Arbeiter auf dem Bahnhof angestrahlt wurde, beleuchtete auch ihn und erlosch.

Natürlich sah er sie nicht. Vom Feuerschein erhellt und geblendet! Er war völlig unverändert mit seinen zusammengewachsenen Augenbrauen, seiner gewöhnlichen Mütze, seinem schwarz-roten, um den Hals geknoteten Schal. Nicht einmal einen Kragen am Hemd, wenn er sie abholte! Die Flammen waren schwächer geworden; es herrschte Dämmerung.

Sie öffnete die Tür ihres rußigen Wagens der Zweigbahn und holte ihre Koffer herab. Ein Gepäckträger war natürlich nirgendwo zu sehen, doch Harry war da, im Dunkeln, ganz am Rand der Gruppe; natürlich verfehlte er sie.

«Hier bin ich, Harry!», rief sie und schwenkte im Zwielicht ihren Schirm. Er eilte ihr entgegen.

«Da biste ja, oder?,» sagte er, gleichsam als fröhlichen Willkommensgruß. Ziemlich aufgeregt stieg sie aus und gab ihm einen flüchtigen Kuss.

«Zwei Koffer!», sagte sie.

Im Innersten ihres Herzens murrte sie, als er in den Wagen kletterte, um ihre Taschen zu holen. Vom großen Hochofen hinter dem Bahnhof schoss das Feuer empor in den ins

station. She felt the red flame go across her face. She had come back, she had come back for good. And her spirit groaned dismally. She doubted if she could bear it.

There, on the sordid little station under the furnaces, she stood, tall and distinguished, in her well-made coat and skirt and her broad grey velour hat. She held her umbrella, her bead chatelaine, and a little leather case in her grey-gloved hands, while Harry staggered out of the ugly little train with her bags.

"There's a trunk at the back," she said in her bright voice. But she was not feeling bright. The twin black cones of the iron foundry blasted their sky-high fires into the night. The whole scene was lurid. The train waited cheerfully. It would wait another ten minutes. She knew it. It was all so deadly familiar.

Let us confess it at once. She was a lady's maid, thirty years old, come back to marry her first-love, a foundry worker: after having kept him dangling, off and on, for a dozen years. Why had she come back? Did she love hin? No. She didn't pretend to. She had loved her brilliant and ambitious cousin, who had jilted her, and who had died. She had had other affairs which had come to nothing. So here she was, come back suddenly to marry her first-love, who had waited – or remained single – all these years.

"Won't a porter carry those?" she said, as Harry strode with his workman's stride down the platform towards the guard's van.

"I can manage," he said.

And with her umbrella, her chatelaine, and her little leather case, she followed him.

Abendlicht getauchten Himmel. Sie spürte die rote Flamme über ihr Gesicht wandern. Sie war zurückgekehrt, sie war endgültig zurückgekehrt. Innerlich stöhnte sie entsetzlich. Sie zweifelte, ob sie es ertragen konnte.

Da stand sie nun auf dem schäbigen kleinen Bahnhof unter den Hochöfen, hochgewachsen und vornehm, in ihrem gutsitzenden Kostüm, mit ihrem weiten, grauen Velourshut. In ihren graubehandschuhten Händen hielt sie ihren Schirm, ihre Gürtelkette aus Perlen und ein Lederköfferchen, während Harry mit ihren Taschen aus dem hässlichen kleinen Zug wankte.

«Hinten ist ein großer Koffer», sagte sie mit ihrer heiteren Stimme. Aber ihr war nicht heiter zumute. Die schwarzen Zwillingskegel der Eisengießerei pusteten ihre Flammen himmelhoch in die Nacht. Der ganze Anblick war gespenstisch. Der Zug wartete gern. Er wartete gewöhnlich noch weitere zehn Minuten. Sie wusste das. Es war alles so schrecklich vertraut.

Geben wir es doch gleich zu. Sie war Zofe gewesen, dreißig Jahre alt, zurückgekehrt, um ihre erste Liebe, einen Gießereiarbeiter, zu heiraten, nachdem sie ihn zwölf Jahre unentwegt hatte zappeln lassen. Warum war sie zurückgekommen? Liebte sie ihn? Nein. Sie tat auch nicht so. Sie hatte ihren geistreichen und ehrgeizigen Vetter geliebt, der sie sitzengelassen hatte und inzwischen gestorben war. Sie hatte andere Liebesbeziehungen gehabt, aus denen nichts geworden war. So war sie denn hier, war auf einmal heimgekehrt, um ihren ersten Verehrer zu heiraten, der all die Jahre gewartet hatte – oder ledig geblieben war.

«Wird diese da nicht ein Gepäckträger tragen?», fragte sie, während Harry mit seinem Arbeiterschritt den Bahnsteig entlang auf den Schaffnerwagen zustakte.

«Das krieg ich schon hin», sagte er.

Und mit Schirm, Kette und Lederköfferchen folgte sie ihm.

The trunk was there.

"We'll get Heather's greengrocer's cart to fetch it up," he said.

"Isn't there a cab?" said Fanny, knowing dismally enough that there wasn't.

"I'll just put it aside o' the penny-in-the-slot, and Heather's greengrocers'll fetch it about half past eight," he said.

He seized the box by its two handles and staggered with it across the level-crossing, bumping his legs against it as he waddled. Then he dropped it by the red sweet-meats machine.

"Will it be safe there?" she said

"Ay – safe as houses," he answered. He returned for the two bags. Thus laden, they started to plod up the hill, under the great long black building of the foundry. She walked beside him – workman of workmen he was, trudging with that luggage. The red lights flared over the deepening darkness. From the foundry came the horrible, slow clang, clang, clang of iron, a great noise, with an interval just long enough to make it unendurable.

Compare this with the arrival at Gloucester: the carriage for her mistress, the dog-cart for herself with the luggage; the drive-out past the river, the pleasant trees of the carriage-approach; and herself sitting beside Arthur, everybody so polite to her.

She had come home – for good! Her heart nearly stopped beating as she trudged up that hideous and interminable hill, beside the laden figure. What a come-down! What a come-down! She could not take it with her usual bright cheerfulness. She knew it all too well. It is easy to bear up against the

Der Reisekoffer war da.

«Wir holen Heathers Gemüsekarren, um ihn hinaufzuschaffen», sagte er.

«Ist kein Taxi da?», fragte Fanny, die nur zu gut wusste, dass es keines gab.

«Ich stelle ihn einfach neben den Süßigkeitenautomaten und Heathers Gemüseverkäufer werden ihn so etwa um halb neun abholen», sagte er.

Er packte den Koffer an den beiden Griffen und wankte über den Bahnübergang, wobei er, als er so dahinwatschelte, mit den Beinen gegen den Koffer stieß. Dann stellte er ihn neben dem roten Süßigkeitenautomaten ab.

«Ist er hier sicher?», fragte sie.

«Freilich – völlig sicher», antwortete er und ging zurück, um die zwei Taschen zu holen. So beladen, begannen sie, unterhalb des großen, langen, schwarzen Gießereigebäudes die Anhöhe hinaufzustapfen. Sie ging neben ihm – einem Arbeiter unter Arbeitern, der sich mühsam mit diesem Gepäck voranschleppte. Die roten Lichter flackerten über die zunehmende Dunkelheit hin. Von der Gießerei her drang das schreckliche, langsame Bäng, Bäng, Bäng von Eisenteilen, ein mächtiges Geräusch, in einem Zeitabstand, der gerade ausreichte, um es unerträglich zu machen.

Man vergleiche das mit der Ankunft in Gloucester: die Kutsche für die Herrin, der Einspänner für sie selbst und das Gepäck; die Spazierfahrt am Fluss entlang, die wohltuenden Bäume an der Auffahrt; sie selbst neben Arthur sitzend, und jedermann so höflich zu ihr.

Sie war heimgekehrt – endgültig! Ihr Herz hörte fast zu schlagen auf, als sie sich diesen hässlichen, endlosen Hügel hinaufschleppte, an der Seite der bepackten Gestalt. Was für ein Abstieg! Was für ein Abstieg! Sie konnte ihn nicht mit ihrer gewohnten strahlenden Fröhlichkeit hinnehmen. Sie kannte es alles zu gut. Es ist leicht, gegen das Ungewohnte Wider-

unusual, but the deadly familiarity of an old stale past!

He dumped the bags down under a lamp-post, for a rest. There they stood, the two of them, in the lamplight. Passers-by stared at her, and gave goodnight to Harry. Her they hardly knew, she had become a stranger.

"They're too heavy for you, let me carry one," she said.

"They begin to weigh a bit by the time you've gone a mile," he answered.

"Let me carry the little one," she insisted.

"Tha can ha'e it for a minute, if ter's a mind," he said, handing over the valise.

And thus they arrived in the streets of shops of the little ugly town on top of the hill. How everybody stared at her; my word, how they stared! And the cinema was just going in, and the queues were tailing down the road to the corner. And everybody took full stock of her. "Night, Harry!" shouted the fellows, in an interested voice.

However, they arrived at her aunt's – a little sweetshop in a side street. They "pinged" the doorbell, and her aunt came running forward out of the kitchen.

"There you are, child! Dying for a cup of tea, I'm sure. How are you?"

Fanny's aunt kissed her, and it was all Fanny could do to refrain from bursting into tears, she felt so low. Perhaps it was her tea she wanted.

"You've had a drag with that luggage," said Fanny's aunt to Harry.

"Ay – I'm not sorry to put it down," he said, looking at his hand which was crushed and cramped by the bag handle.

stand zu leisten, nicht aber gegen die mörderische Vertrautheit einer alten, schal gewordenen Vergangenheit!

Er ließ die Taschen unter einem Laternenpfahl niederplumpsen, um eine Pause zu machen. Da standen sie nun, sie zwei, im Lampenlicht. Passanten starrten die Frau an und entboten Harry den Gutenachtgruß. *Sie* kannte man kaum, sie war eine Fremde geworden.

«Sie sind zu schwer für dich, lass mich eine tragen», sagte sie.

«Sie fangen an, ein bisschen schwer zu werden, sobald man eine Meile gegangen ist», antwortete er.

«Lass mich die kleine tragen», verlangte sie.

«Du kannstse kurz hab'n, wenn de willst», sagte er und überließ ihr die Reisetasche.

Und so kamen sie in den Geschäftsstraßen des auf dem Hügel gelegenen hässlichen Städtchens an. Wie sie von jedermann angegafft wurde, mein Gott, wie man sie angaffte! Und das Kino fing gerade an und die Schlangen wanden sich die Straße hinunter bis zur Ecke. Jeder musterte sie von oben bis unten. «'Nacht, Harry!», riefen die Burschen mit hörbarer Neugierde.

Sie gingen aber zu ihrer Tante – in einem kleinen Süßwarenladen in einer Nebenstraße. Sie entlockten der Türklingel einen schrillen Ton. Die Tante kam aus der Küche nach vorn gelaufen.

«Da bist du ja, Kind! Du möchtest sicher eine Tasse Tee. Wie geht's dir?»

Fannys Tante küsste sie, und Fanny musste sich alle Mühe geben, nicht in Tränen auszubrechen, so niedergeschlagen war sie. Vielleicht wollte sie doch ihren Tee.

«Sie haben eine Schlepperei gehabt mit dem Gepäck», sagte Fannys Tante zu Harry.

«Ja – ich stelle es nicht ungern ab», sagte er und betrachtete seine Hand, die vom Taschengriff breitgequetscht und verkrampft war.

Then he departed to see about Heather's green-grocery cart.

When Fanny sat at tea, her aunt, a grey-haired, fair-faced little woman, looked at her with an admiring heart, feeling bitterly sore for her. For Fanny was beautiful: tall, erect, finely coloured, with her delicately arched nose, her rich brown hair, her large lustrous grey eyes. A passionate woman – a woman to be afraid of. So proud, so inwardly violent! She came of a violent race.

It needed a woman to sympathize with her. Men had not the courage. Poor Fanny! She was such a lady, and so straight and magnificent. And yet everything seemed to do her down. Every time she seemed to be doomed to humiliation and disappointment, this handsome, brilliantly sensitive woman, with her nervous, overwrought laugh.

"So you've really come back, child?" said her aunt.

"I really have, Aunt," said Fanny.

"Poor Harry! I'm not sure, you know, Fanny, that you're not taking a bit of an advantage of him."

"Oh, Aunt, he's waited so long, he may as well have what he's waited for." Fanny laughed grimly.

"Yes, child, he's waited so long, that I'm not sure it isn't a bit hard on him. You know, I *like* him, Fanny – though as you know quite well, I don't think he's good enough for you. And I think he thinks so himself, poor fellow."

"Don't you be so sure of that, Aunt. Harry is common, but he's not humble. He wouldn't think the Queen was any too good for him, if he'd a mind to her."

Dann ging er weg, um sich um Heathers Gemüsekarren zu kümmern.

Als Fanny beim Tee saß, sah ihre Tante, eine grauhaarige, kleine Frau von heller Gesichtsfarbe, sie mit Bewunderung im Herzen an und empfand bitteres Mitleid mit ihr. Denn Fanny war schön: hochgewachsen, aufrecht, von prachtvoller Gesichts- und Haarfarbe, mit ihrer zart geschwungenen Nase, ihrem üppigen braunen Haar, ihren großen, strahlenden, grauen Augen. Eine leidenschaftliche Frau – eine Frau, vor der man Angst haben konnte. So stolz, innerlich so heftig! Sie entstammte einer heftigen Rasse.

Es bedurfte einer Frau, die mit ihr fühlte. Die Männer hatten nicht den Mut. Arme Fanny! Sie war eine solche Dame, und so gerade und großartig. Und doch schien alle Welt gegen sie zu sein. Jedes Mal war sie offenbar zu Demütigung und Enttäuschung verurteilt, diese hübsche, herrlich feinfühlige Frau mit ihrem reizbaren, übertriebenen Lachen.

«Du bist also wirklich zurückgekommen, Kind?», fragte ihre Tante.

«Ja, wirklich, Tante», sagte Fanny.

«Der arme Harry! Ich bin nicht sicher, weißt du, Fanny, ob du ihn nicht ein bisschen ausnutzt.»

«Ach, Tante, er hat so lange gewartet, er kann nun doch endlich haben, worauf er gewartet hat.» Fanny lachte grimmig.

«Ja, Kind, er hat so lange gewartet, dass es ihn vielleicht ein wenig hart trifft. Weißt du, ich hab ihn *wirklich* gern, Fanny – nur finde ich, wie du sehr wohl weißt, dass er für dich nicht gut genug ist. Und ich glaube, das findet er selber auch, der arme Kerl.»

«Sei dessen nicht so sicher, Tante! Harry ist nicht fein, aber er ist nicht anspruchslos. Er würde nicht glauben, die Königin sei zu gut für ihn, wenn ihm der Sinn nach ihr stände.»

"Well – It's as well if he has a proper opinion of himself."

"It depends what you call proper," said Fanny. "But he's got his good points –"

"Oh, he's a nice fellow, and I like him, I do like him. Only, as I tell you, he's not good enough for you."

"I've made up my mind, Aunt," said Fanny, grimly.

"Yes," mused the aunt. "They say all things come to him who waits –"

"More than he's bargained for, eh, Aunt?" laughed Fanny rather bitterly.

The poor aunt, this bitterness grieved her for her niece.

They were interrupted by the ping of the shop-bell, and Harry's call of "Right!" But as he did not come in at once, Fanny, feeling solicitous for him presumably at the moment, rose and went into the shop. She saw a cart outside, and went to the door.

And the moment she stood in the doorway, she heard a woman's common vituperative voice crying from the darkness of the opposite side of the road:

"Tha'rt theer, ar ter? I'll shame thee, Mester. I'll shame thee, see if I dunna."

Startled, Fanny stared across the darkness, and saw a woman in a black bonnet go under one of the lamps up the side street.

Harry and Bill Heather had dragged the trunk off the little dray, and she retreated before them as they came up the shop step with it.

"Wheer shalt ha'e it?" asked Harry.

"Best take it upstairs," said Fanny.

She went up first to light the gas.

188

«Nun – es ist doch gut, wenn er eine gehörige Meinung von sich hat.»

«Es kommt darauf an, was du gehörig nennst», sagte Fanny. «Aber er hat seine guten Seiten ...»

«Oh, er ist ein netter Kerl, und ich mag ihn, ich mag ihn wirklich. Ich will nur sagen, er ist nicht gut genug für dich.»

«Ich habe mich entschieden, Tante», antwortete Fanny grimmig.

«Ja», grübelte die Tante. «Man sagt, dass die Zeit Rosen bringt ...»

«Mehr, als er erwartet hat, nicht wahr, Tante?», lachte Fanny ziemlich bitter.

Die arme Tante, diese Bitterkeit betrübte sie um ihrer Nichte willen.

Sie wurden unterbrochen durch das Schrillen der Ladenglocke und Harrys Ruf «Stimmt!» Da er aber nicht gleich hereinkam, stand Fanny, die vermutlich gerade jetzt seinetwegen beunruhigt war, auf und begab sich in den Laden. Sie sah einen Karren draußen und ging zur Tür.

In dem Augenblick, als sie in der Türöffnung stand, hörte sie, wie eine pöbelhafte, schimpfende Frauenstimme aus der Dunkelheit von der gegenüberliegenden Straßenseite schrie:

«Da biste ja, oder? Ich wer Schande über dich bringen, du sauberer Herr. Ich wer Schande über dich bringen, wirst schon sehn.»

Aufgeregt starrte Fanny in der Dunkelheit nach drüben und sah eine Frau mit schwarzer Haube unter einer Laterne die Nebenstraße entlanggehen.

Harry und Bill Heather hatten den Koffer vom kleinen Rollwagen gezerrt, und sie zog sich vor ihnen zurück, als sie damit die Stufe zum Laden heraufkamen.

«Wo soll er'n hin?», fragte Harry.

«Am besten, du schaffst ihn nach oben», sagte Fanny.

Sie ging voran, um das Gaslicht anzuzünden.

When Heather had gone, and Harry was sitting down having tea and pork pie, Fanny asked:

"Who was that woman shouting?"

"Nay, I canna tell thee. To somebody, I s'd think," replied Harry. Fanny looked at him, but asked no more.

He was a fair-haired fellow of thirty-two, with a fair moustache. He was broad in his speech, and looked like a foundry-hand, which he was. But women always liked him. There was something of a mother's lad about him – something warm and playful and really sensitive.

He had his attractions even for Fanny. What she rebelled against so bitterly was that he had no sort of ambition. He was a moulder, but of very commonplace skill. He was thirty-two years old, and hadn't saved twenty pounds. She would have to provide the money for the home. He didn't care. He just didn't care. He had no initiative at all. He had no vices – no obvious ones. But he was just indifferent, spending as he went, and not caring. Yet he did not look happy. She remembered his face in the fire-glow: something haunted, abstracted about it. As he sat there eating his pork pie, bulging his cheek out, she felt he was like a doom to her. And she raged against the doom of him. It wasn't that he was gross. His *way* was common, almost on purpose. But he himself wasn't really common. For instance, his food was not particularly important to him, he was not greedy. He had a charm, too, particularly for women, with his blondness and his sensitiveness and his way of making a woman feel that she was a higher being. But Fanny knew him, knew the peculiar obstinate limitedness of him, that would nearly send her mad.

Als Heather gegangen war und Harry sich setzte, zu Tee und Schweinefleischpastete, fragte Fanny:

«Wer war denn die Frau, die geschrien hat?»

«Nee, kann ich dir nicht sagen. Hat mit jemand gezankt, denk ich», erwiderte Harry. Fanny sah ihn an, fragte aber nicht mehr.

Er war ein blonder Bursche von zweiunddreißig mit einem blonden Schnurrbart. Er sprach breiten Dialekt und sah wie ein Gießereiarbeiter aus, was er ja auch war. Aber die Frauen waren ihm immer zugetan. Es war etwas von einem Muttersöhnchen an ihm – etwas Warmes, Spielerisches und wirklich Feinfühliges.

Selbst für Fanny hatte er seine Reize. Wogegen sie so bitter aufbegehrte, war, dass er keinerlei Ehrgeiz hatte. Er war Former, aber nur von sehr durchschnittlichem Geschick. Er war zweiunddreißig Jahre alt und hatte keine zwanzig Pfund gespart. Sie würde das Geld für die Familie beschaffen müssen. Er kümmerte sich nicht darum. Er kümmerte sich einfach nicht darum. Er hatte überhaupt keine Entschlusskraft. Er hatte keine Laster – keine offensichtlichen. Aber er war eben gleichgültig, gab Geld aus, solange er etwas hatte, und machte sich keine Sorgen. Und doch sah er nicht glücklich aus. Sie erinnerte sich an sein Gesicht im Feuerschein: Es wirkte irgendwie geplagt, unaufmerksam. Wie er dasaß und seine Schweinefleischpastete aß, wie die Backen sich rundeten, spürte sie, dass er für sie wie ein Verhängnis war. Und sie wütete gegen dieses Verhängnis. Nicht, dass er roh war. Seine *Verhaltensweise* war gewöhnlich, fast wie mit Absicht. Aber er selber war gar nicht gewöhnlich. Zum Beispiel war ihm Essen nicht besonders wichtig; er war nicht gefräßig. Er hatte das gewisse Etwas, besonders für Frauen, mit seiner Blondheit, seiner Feinheit, seiner Art, einer Frau das Gefühl zu geben, sie sei ein höheres Wesen. Aber Fanny kannte ihn, kannte seine eigenartige, sture Beschränktheit, die sie immer fast verrückt machte.

He stayed till about half past nine. She went to the door with him.

"When are you coming up?" he said, jerking his head in the direction, presumably, of his own home.

"I'll come tomorrow afternoon," she said brightly. Between Fanny and Mrs Goodall, his mother, there was naturally no love lost.

Again she gave him an awkward little kiss, and said goodnight.

"You can't wonder, you know, child, if he doesn't seem so very keen," said her aunt. "It's your own fault."

"Oh, Aunt, I couldn't stand him when he was keen. I can do with him a lot better as he is."

The two women sat and talked far into the night. They understood each other. The aunt, too, had married as Fanny was marrying: a man who was no companion to her, a violent man, brother of Fanny's father. He was dead, Fanny's father was dead.

Poor Aunt Lizzie, she cried woefully over her bright niece, when she had gone to bed.

Fanny paid the promised visit to his people the next afternoon. Mrs Goodall was a large woman with smooth-parted hair, a common, obstinate woman, who had spoiled her four lads and her one vixen of a married daughter. She was one of those old-fashioned powerful natures that couldn't do with looks or education or any form of showing off. She fairly hated the sound of correct English. She *thee'd* and *tha'd* her prospective daughter-in-law, and said:

'Tm none as ormin' as I look, seest ta."

Er blieb bis etwa halb zehn Uhr. Sie ging mit ihm zur Tür.

«Wann kommst du rauf?», fragte er und warf den Kopf in die Richtung, in der vermutlich sein Elternhaus stand.

«Ich komme morgen Nachmittag», sagte sie heiter. Fanny und Mrs Goodall, seine Mutter, konnten einander natürlich nicht ausstehen.

Wieder gab sie ihm ein unbeholfenes Küsschen und wünschte gute Nacht.

«Weißt du, du darfst dich nicht wundern, Kind, wenn er nicht so sehr den Anschein erweckt, Feuer und Flamme zu sein», sagte ihre Tante. «Daran bist du selber schuld.»

«Oh Tante, ich könnte ihn nicht ertragen, wenn er Feuer und Flamme wäre. Ich komme mit ihm viel besser zurecht, so wie er ist.»

Die beiden Frauen saßen plaudernd bis weit in die Nacht hinein beisammen. Sie verstanden sich. Auch die Tante hatte, so wie Fanny im Begriff war, es zu tun, einen Mann geheiratet, der für sie nicht der richtige Gefährte war, einen heftigen Menschen, einen Bruder von Fannys Vater. Er war tot, und Fannys Vater war auch tot.

Arme Tante Lizzie, sie klagte traurig um ihre lebhafte Nichte, als diese zu Bett gegangen war.

Fanny stattete seinen Angehörigen den versprochenen Besuch am darauffolgenden Nachmittag ab. Mrs Goodall war eine große Frau mit glattgescheiteltem Haar, eine ordinäre, starrköpfige Frau, die ihre vier Jungen und ihre einzige Tochter, einen verheirateten Zankteufel, verzogen hatte. Sie war eine jener altmodischen, kraftvollen Naturen, die für Aussehen, Erziehung oder irgendeine Form von Selbstdarstellung nichts übrighatten. Richtig gesprochenes Englisch war ihr geradezu verhasst. Im Gespräch mit ihrer künftigen Schwiegertochter verwechselte sie ständig die Fälle und sagte:

«Ich bin nich so tolpatschig, wie ich ausseh, vaschtehste.»

Fanny did not think her prospective mother-in-law looked at all orming, so the speech was unnecessary.

"I towd him mysen," said Mrs Goodall, "Er's held back all this long, let 'er stop as 'er is. 'E'd none ha' had thee for *my* tellin' – tha hears. No, 'e's a fool, an' I know it. I says to him, 'Tha looks a man, doesn't ter, at thy age, goin' an' openin' to her when ter hears her scrat' at th' gate, after she's done gallivantin' round wherever she'd a mind. That looks rare an' soft.' But it's no use o' any talking; he answered that letter o'thine and made his own bad bargain."

But in spite of the old woman's anger, she was also flattered at Fanny's coming back to Harry. For Mrs Goodall was impressed by Fanny – a woman of her own match. And more than this, everybody knew that Fanny's Aunt Kate had left her two hundred pounds: this apart from the girl's savings.

So there was high tea in Princes Street when Harry came home black from work, and a rather acrid odour of cordiality, the vixen Jinny darting in to say vulgar things. Of course Jinny lived in a house whose garden end joined the paternal garden. They were a clan who stuck together, these Goodalls.

It was arranged that Fanny should come to tea again on the Sunday, and the wedding was discussed. It should take place in a fortnight's time at Morley Chapel. Morley was a hamlet on the edge of the real country, and in its little Congregational Chapel Fanny and Harry had first met.

What a creature of habit he was! He was still in the choir of Morley Chapel – not very regular. He belonged just because he had a tenor voice, and enjoyed singing. Indeed his solos were only spoilt

Fanny fand gar nicht, dass ihre künftige Schwiegermutter tolpatschig aussah, daher war die Äußerung unnötig.

« Ich hab's ihm selber jesacht», bemerkte Mrs Goodall, « sie hat's die janze Zeit nich eilich jehabt; lass die Finger von ihr! Wenn er uf *mir* jehört hätte, hätt er dir nich jenomm. Nee, er is 'n Narr, un ich wees es. Sach ich zu ihm: ‹Du bis mir vielleicht 'n Kerl, in deim Alter rennste und machste ihr uf, wenn du se am Tor kratzen herst, nachdem sie sich iberall, wo se grad Lust hatte, sich rumgetrieb'n hat. Das find ich kestlich und doof.› Aber dat janze Jerede is nutzlos: Er hat uf dein Brief jeantwortet und selber sein schlechten Handel abjeschloss'n. »

Aber trotz ihres Ärgers fühlte die alte Frau sich auch geschmeichelt, dass Fanny zu Harry zurückgekehrt war. Denn Mrs Goodall war von Fanny beeindruckt – einer Frau, die es mit ihr aufnehmen konnte. Und mehr als das. Jeder wusste, dass Fannys Tante Kate ihr zweihundert Pfund hinterlassen hatte, von den Ersparnissen des Mädchens ganz abgesehen.

So gab es also in der Princes Street eine kalte Abendmahlzeit mit Tee, als Harry schwarz von der Arbeit zurückkam, und einen ziemlich bissigen Schuss Herzlichkeit, weil Xanthippe Jinny hereinstürzte, um Unanständiges von sich zu geben. Natürlich bewohnte Jinny ein Haus, dessen Gartenende an den väterlichen Garten grenzte. Sie waren eine Sippe, die zusammenhielt, diese Goodalls.

Es wurde vereinbart, dass Fanny am Sonntag wieder zum Tee kommen sollte, und die Hochzeit wurde besprochen. Sie sollte in vierzehn Tagen in der Kirche von Morley stattfinden. Morley war ein Weiler am Beginn der wirklich ländlichen Gegend, und in seiner kleinen Gemeindekirche hatten sich Fanny und Harry zum ersten Mal getroffen.

Was war er doch für ein Gewohnheitstier! Er war noch im Kirchenchor von Morley – freilich nicht sehr regelmäßig. Er gehörte einfach dazu, weil er eine Tenorstimme hatte und gern sang. Seine Soli waren allerdings zu nur ört-

to local fame because when he sang he handled his aitches so hopelessly.

"And I saw 'eaven hopened
And be' old, a wite 'orse –"

This was one of Harry's classics, only surpassed by the fine outburst of his heaving:

"Hangels – hever bright an' fair –"

It was a pity, but it was inalterable. He had a good voice, and he sang with a certain lacerating fire, but his pronunciation made it all funny. And *nothing* could alter him.

So he was never heard save at cheap concerts and in the little, poorer chapels. The others scoffed.

Now the month was September, and Sunday was Harvest Festival at Morley Chapel, and Harry was singing solos. So that Fanny was to go to afternoon service, and come home to a grand spread of Sunday tea with him. Poor Fanny! One of the most wonderful afternoons had been Sunday afternoon service, with her cousin Luther at her side, Harvest Festival in Morley Chapel. Harry had sung solos then – ten years ago. She remembered his pale blue tie, and the purple asters and the great vegetable marrows in which he was framed, and her cousin Luther at her side, young, clever, come down from London, where he was getting on well, learning his Latin and his French and German so brilliantly.

However, once again it was Harvest Festival at Morley Chapel, and once again, as ten years before, a soft, exquisite September day, with the last roses

lich beschränktem Ruhm verdammt, weil er beim Singen sein
«h» am Wortanfang so hoffnungslos vermasselte.

«Und ich sah den 'Immel haufgehn
Und sieh han, ein weißes Ross ... »

Das war eines von Harrys klassischen Stücken, nur übertroffen von dem herrlichen Erguss seines aufseufzenden

«Hengel – himmer licht un 'ell ... »

Es war schade, aber nicht zu ändern. Er hatte eine gute Stimme und er sang mit einer gewissen herzzerreißenden Begeisterung, doch seine Aussprache machte es alles ulkig. Und *nichts* konnte ihn ändern.

Darum hörte man ihn nur bei billigen Konzerten und in den kleinen ärmeren Kirchen. Die anderen spotteten.

Jetzt war September; am Sonntag war in der Kirche von Morley Erntedankfest; Harry sang die Solostellen. So dass Fanny zum Nachmittagsgottesdienst gehen und dann zu einem opulenten Sonntagstee zu ihm nach Hause kommen sollte. Die arme Fanny! Einer der herrlichsten Nachmittage war ein sonntäglicher Nachmittagsgottesdienst gewesen, Seite an Seite mit ihrem Vetter Luther, ein Erntedankfest in der Kirche von Morley. Harry hatte damals Soli gesungen – vor zehn Jahren. Sie erinnerte sich an seinen blassblauen Selbstbinder, an die purpurnen Astern und die großen Eierkürbisse, von denen er eingerahmt war, und sie erinnerte sich an Vetter Luther neben sich, jung, gescheit, aus London heraufgekommen, wo er gute Fortschritte machte und so glänzend Latein, Französisch und Deutsch lernte.

Aber wieder einmal war Erntedankfest in der Kirche von Morley, und wieder, wie zehn Jahre zuvor, ein milder, wunderschöner Septembertag, mit den letzten blassroten Rosen in

pink in the cottage gardens, the last dahlias crimson, the last sunflowers yellow. And again the little old chapel was a bower, with its famous sheaves of corn and corn-plaited pillars, its great bunches of grapes, dangling like tassels from the pulpit corners, its marrows and potatoes and pears and apples and damsons, its purple asters and yellow Japanese sunflowers. Just as before, the red dahlias round the pillars were dropping, weak-headed among the oats. The place was crowded and hot, the plates of tomatoes seemed balanced perilously on the gallery front, the Rev. Enderby was weirder than ever to look at, so long and emaciated and hairless.

The Rev. Enderby, probably forewarned, came and shook hands with her and welcomed her, in his broad northern, melancholy singsong before he mounted the pulpit. Fanny was handsome in a gauzy dress and a beautiful lace hat. Being a little late, she sat in a chair in the side-aisle wedged in, right in front of the chapel. Harry was in the gallery above, and she could only see him from the eyes upwards. She noticed again how his eyebrows met, blond and not very marked, over his nose. He was attractive too: physically lovable, very. If only – if only her *pride* had not suffered! She felt he dragged her down.

> "Come, ye thankful people come,
> Raise the song of harvest-home.
> All is safely gathered in
> Ere the winter storms begin –"

Even the hymn was a falsehood, as the season had been wet, and half the crops were still out, and in a poor way.

den Landhausgärten, den letzten karmesinroten Dahlien, den letzten gelben Sonnenblumen. Wieder war das alte Kirchlein in eine Laube verwandelt, mit herrlichen Korngarben und getreideumflochtenen Säulen, den großen Weintrauben, die wie Quasten von den Kanzelecken herunterhingen, den Kürbissen, Kartoffeln, Birnen, Äpfeln und Damaszenerpflaumen, purpurnen Astern und gelben japanischen Sonnenblumen. Genau wie damals waren die roten Dahlien an den Säulen kurz vorm Abfallen; sie ließen zwischen den Haferhalmen die Köpfe hängen. Der Raum war überfüllt und heiß, die Platten mit den Tomaten auf der Emporenbrüstung schienen etwas wackelig zu stehen, und Hochwürden Enderby war seltsamer anzusehen als je, so lang und ausgemergelt und kahl.

Hochwürden Enderby, wahrscheinlich vorgewarnt, kam und schüttelte ihr die Hand und hieß sie in seinem breiten, schwermütigen Singsang des Nordens willkommen, ehe er die Kanzel bestieg. Fanny war hübsch in hauchdünnem Kleid und schönem Spitzenhut. Da sie ein bisschen spät dran war, saß sie eingekeilt auf einem Stuhl im Seitenschiff, genau vor dem Sängerchor. Harry war oben auf der Empore, und sie konnte ihn nur sehen, wenn sie hinaufsah. Sie bemerkte von Neuem, wie seine Augenbrauen, blond und nicht sehr ausgeprägt, sich über der Nase berührten. Er war durchaus anziehend: körperlich einnehmend, sehr. Wenn bloß – wenn bloß ihr *Stolz* nicht gelitten hätte! Sie hatte das Gefühl, er zöge sie herab.

«Kommt, o kommt, ihr dankbarn Leut',
Stimmt an das Lied der Erntezeit,
's ist alles sicher unter Dach
Vor Winterstürmen Ungemach.»

Sogar das Loblied war eine Lüge, da die Jahreszeit nass gewesen und die Hälfte der Ernten noch draußen war und in kläglichem Zustand.

Poor Fanny! She sang little, and looked beautiful through that inappropriate hymn. Above her stood Harry – mercifully in a dark suit and dark tie, looking almost handsome. And his lacerating, pure tenor sounded well, when the words were drowned in the general commotion. Brilliant she looked, and brilliant she felt, for she was hot and angrily miserable and inflamed with a sort of fatal despair. Because there was about him a physical attraction which she really hated, but which she could not escape from. He was the first man who had ever kissed her. And his kisses, even while she rebelled from them, had lived in her blood and sent roots down into her soul. After all this time she had come back to them. And her soul groaned, for she felt dragged down, dragged down to earth, as a bird which some dog has got down in the dust. She knew her life would be unhappy. She knew that what she was doing was fatal. Yet it was her doom. She had to come back to him.

He had to sing two solos this afternoon: one before the 'address' from the pulpit and one after. Fanny looked at him, and wondered he was not too shy to stand up there in front of all the people. But no, he was not shy. He had even a kind of assurance on his face as he looked down from the choir gallery at her: the assurance of a common man deliberately entrenched in his commonness. Oh, such a rage went through her veins as she saw the air of triumph, laconic, indifferent triumph which sat so obstinately and recklessly on his eyelids as he looked down at her. Ah, she despised him! But there he stood up in that choir gallery like Balaam's ass in front of her, and she could not get beyond him.

Arme Fanny! Sie sang wenig und sah schön aus, die Hymne passte überhaupt nicht dazu. Über ihr stand Harry – erfreulicherweise in dunklem Anzug und mit dunklem Binder, eigentlich hübsch anzusehen. Und sein herzzerreißender, reiner Tenor klang gut, wenn die Worte in der allgemeinen Erschütterung untergingen. Prachtvoll sah sie aus, und prachtvoll war ihr zumute, denn sie war hitzig und ärgerlicherweise unglücklich und in einer Art unheilvoller Verzweiflung entbrannt. Weil er einen körperlichen Reiz auf sie ausübte, den sie wirklich hasste, dem sie sich aber nicht entziehen konnte. Er war der erste Mann, der sie je geküsst hatte. Und seine Küsse waren, obwohl sie sich ihnen widersetzt hatte, in ihr lebendig geblieben und hatten in ihrer Seele Wurzeln geschlagen. Nach all der Zeit war sie zu ihnen zurückgekehrt. Und ihre Seele ächzte, denn sie fühlte sich niedergezogen, niedergezogen bis zur Erde, wie ein Vogel, den ein Hund in den Staub herabgeholt hat. Sie wusste, dass ihr Leben unglücklich werden würde. Sie wusste, dass das, was sie jetzt tat, verhängnisvoll war. Doch es war ihr Schicksal. Sie musste zu ihm zurückkehren.

Er hatte an diesem Nachmittag zwei Solostellen zu singen: eine vor der «Ansprache» von der Kanzel aus und eine danach. Fanny blickte ihn an und wunderte sich, dass er nicht zu schüchtern war, um hier vor all den Leuten aufzustehen. Doch nein, er war nicht verlegen. Er trug sogar eine Art Selbstsicherheit zur Schau, wie er von der Chorempore auf sie herabblickte: die Selbstsicherheit eines gewöhnlichen Mannes, der sich hinter seiner Gewöhnlichkeit verschanzt hat. Oh, durch ihre Adern schoss eine solche Wut, als sie die Siegermiene sah, die wortkarge, gleichgültige Siegermiene, die so hartnäckig und unbekümmert in seinen Augen lag, während er auf sie herabschaute. Ach, sie verachtete ihn! Doch da trat er ihr auf dieser Chorempore wie Bileams Eselin entgegen und sie konnte an ihm nicht vorbei. Auch hatte er etwas Ge-

A certain winsomeness also about him. A certain physical winsomeness, and as if his flesh were new and lovely to touch. The thorn of desire rankled bitterly in her heart.

He, it goes without saying, sang like a canary this particular afternoon, with a certain defiant passion which pleasantly crisped the blood of the congregation. Fanny felt the crisp flames go through her veins as she listened. Even the curious loud-mouthed vernacular had a certain fascination. But, oh, also it was so repugnant. He would triumph over her, obstinately he would drag her right back into the common people: a doom, a vulgar doom.

The second performance was an anthem, in which Harry sang the solo parts. It was clumsy, but beautiful, with lovely words.

> "They that sow in tears shall reap in joy,
> He that goeth forth and weepeeth,
> bearing precious seed
> Shall doubtless come again with rejoicing,
> bringing his sheaves with him –"

"Shall doubtless come, shall doubless come –" softly intoned the altos – "Bringing his she-e-eaves with him," the trebles flourished brightly, and then again began the half-wistful solo:

> "They that sow in tears shall reap in joy –"

Yes, it was effective and moving.

But at the moment when Harry's voice sank carelessly down to his close, and the choir, standing behind

winnendes an sich. Etwas körperlich Gewinnendes, als ob sein Fleisch neu wäre und sich köstlich bei der Berührung anfühlte. Der Stachel des Begehrens wühlte schmerzlich in ihrem Herzen.

Er, das versteht sich von selbst, sang an diesem besonderen Nachmittag wie ein Kanarienvogel, mit einer gewissen herausfordernden Leidenschaft, die auf angenehm erfrischende Weise Leben in die Gemeinde brachte. Fanny spürte, während sie zuhörte, wie es ihr heiß durch die Adern schoss. Selbst der merkwürdige, lärmende einheimische Dialekt hatte einen gewissen Reiz. Aber ach, er war eben auch so abstoßend. Harry würde über sie obsiegen, unbeirrbar würde er sie ganz und gar in das gewöhnliche Volk zurückzerren: ein Verhängnis, ein gemeines Los.

Die zweite Darbietung war ein Hymnus, in dem Harry die Solostellen sang. Es war unbeholfen, aber schön, mit ansprechendem Text.

«Die mit Tränen säen, werden mit Freuden ernten.
Sie gehen hin und weinen
und tragen edlen Samen
und kommen wieder mit Freuden
und bringen ihre Garben.»

«Sie kommen wieder, kommen wieder ...», setzten leise die Altstimmen ein – «und bringen ihre Ga-a-rben», phantasierten hell die Soprane, und dann hob wieder das fast sehnsüchtige Solo an:

«Die mit Tränen säen, werden mit Freuden ernten.»

Das war schon eindrucksvoll und bewegend!
Aber in dem Augenblick, da Harrys Stimme sich sorglos zur Kadenz senkte und der hinter ihm stehende Chor im Be-

him, were opening their mouths for the final triumphant outburst, a shouting female voice rose up from the body of the congregation. The organ gave one startled trump, and went silent; the choir stood transfixed.

"You look well standing there, singing in God's holy house," came the loud, angry female shout. Everybody turned electrified. A stoutish, red-faced woman in a black bonnet was standing up denouncing the soloist. Almost fainting with shock, the congregation realized it. "You look well, don't you, standing there singing solos in God's holy house, you, Goodall. But I said I'd shame you. You look well, bringing your young woman here with you, don't you? I'll let her know who she's dealing with. A scamp as won't take the consequences of what he's done." The hard-faced, frenzied woman turned in the direction of Fanny. "*That's* what Harry Goodall is, if you want to know."

And she sat down again in her seat. Fanny, startled like all the rest, had turned to look. She had gone white, and then a burning red, under the attack. She knew the woman: a Mrs Nixon, a devil of a woman, who beat her pathetic, drunken, red-nosed second husband, Bob, and her two lanky daughters, grown-up as they were. A notorious character. Fanny turned round again, and sat motionless as eternity in her seat.

There was a minute of perfect silence and suspense. The audience was open-mouthed and dumb; the choir stood like Lot's wife; and Harry, with his music-sheet, stood there uplifted, looking down with a dumb sort of indifference on Mrs Nixon, his face naive and faintly mocking. Mrs Nixon sat defiant in her seat, braving them all.

griff war, den jubelnden Schluss hinauszuschmettern, erhob sich eine lärmende Frauenstimme aus der Gemeinde. Die Orgel gab einen überraschten Trompetenklang von sich und verstummte; der Chor stand wie angewurzelt.

«Sie sehen gut aus, wie Sie da stehen und im heiligen Gotteshaus singen», ertönte der laute, zornige Schrei der Frau. Alles wandte sich erregt um. Eine ziemlich kräftige Frau mit einem roten Gesicht unter einer schwarzen Haube war aufgestanden und schmähte den Solisten. Fast ohnmächtig vor Schreck sah und hörte die Gemeinde zu. «Sie sehen gut aus, nicht wahr, wie Sie hier stehen und im heiligen Gotteshaus solo singen, Sie, Goodall. Aber ich habe gesagt, ich würde Schande über Sie bringen. Sie sehen gut aus, wenn Sie Ihre junge Frau mit hierherbringen, nicht wahr? Ich werde sie wissen lassen, mit wem sie es zu tun hat. Mit einem Schuft, der die Folgen von dem, was er getan hat, nicht auf sich nehmen will.» Die rasende Frau mit den harten Gesichtszügen wandte sich an Fanny. «*Das* ist Harry Goodall, wenn Sie's wissen wollen.»

Und sie setzte sich wieder auf ihren Platz. Fanny, aufgeschreckt wie alle anderen, hatte sich umgedreht, um hinzusehen. Sie war erst blass und dann, bei der Beschimpfung, feuerrot geworden. Sie kannte die Frau: Es war eine Mrs Nixon, ein Teufel von einem Weibsbild, die ihren bemitleidenswerten, betrunkenen, rotnasigen zweiten Mann, Bob, und ihre beiden mageren Töchter prügelte, obwohl die schon erwachsen waren. Eine berüchtigte Person. Fanny drehte sich wieder um und saß regungslos auf ihrem Platz.

Es gab eine Minute völligen Schweigens und banger Erwartung. Die Zuhörer hatten den Mund offen und waren sprachlos; der Chor stand da wie Lots Frau; und Harry stand aufrecht mit seinem Notenblatt da und blickte mit einer Art stummen Gleichmuts auf Mrs Nixon hinunter, mit treuherziger und leicht spöttischer Miene. Mrs Nixon saß herausfordernd auf ihrem Platz und trotzte ihnen allen.

205

Then a rustle, like a wood when the wind suddenly catches the leaves. And then the tall, weird minister got to his feet, and in his strong, bell-like, beautiful voice – the only beautiful thing about him – he said with infinite mournful pathos:

"Let us unite in singing the last hymn on the hymn-sheet; the last hymn on the hymn-sheet, number eleven.

'Fair waved the golden corn,
In Canaan's pleasant land.'"

The organ tuned up promptly. During the hymn the offertory was taken. And after the hymn, the prayer.

Mr Enderby came from Northumberland. Like Harry, he had never been able to conquer his accent, which was very broad. He was a little simple, one of God's fools, perhaps, an odd bachelor soul, emotional, ugly, but very gentle.

"And if, o our dear Lord, beloved Jesus, there should fall a shadow of sin upon our harvest, we leave it to Thee to judge, for Thou art judge. We lift our spirits and our sorrow, Jesus, to Thee, and our mouths are dumb. O, Lord, keep us from froward speech, restrain us from foolish words and thoughts, we pray Thee, Lord Jesus, who knowest all and judgest all."

Thus the minister said in his sad, resonant voice, washed his hands before the Lord. Fanny bent forward open-eyed during the prayer. She could see the roundish head of Harry, also bent forward. His face was inscrutable and expressionless. The shock left her bewildered. Anger perhaps was her dominating emotion.

Dann ein Rascheln, wie von einem Wald, wenn der Wind auf einmal die Blätter erfasst. Und danach erhob sich der große, eigenartige Geistliche und sagte mit seiner starken, schönen, glockenreinen Stimme – dem einzig Schönen an ihm – in unendlich trauriger Ergriffenheit:

«Lasst uns gemeinsam den letzten Lobgesang auf dem Liedblatt singen, den letzten Lobgesang auf dem Liedblatt, Nummer elf.

‹Hell wogte das goldene Korn
In Kanaans heiterem Land.›»

Unverzüglich setzte die Orgel ein. Während des Gesangs wurde die Kollekte abgehalten. Auf den Gesang folgte das Gebet.

Mr Enderby kam aus Northumberland. Genau wie Harry hatte er nie seines breiten Akzentes Herr werden können. Er war ein bisschen einfältig, einer von den Narren Gottes vielleicht, eine alte Junggesellenseele, gefühlsbetont, hässlich, aber sehr gütig.

«Und wenn, o unser lieber Herr, geliebter Jesus, ein Schatten von Sünde auf unsere Ernte fallen sollte, überlassen wir es Dir, zu urteilen, denn Du bist der Richter. Wir erheben unsere Herzen und unseren Kummer zu Dir, o Jesus, und unser Mund bleibt stumm. O Herr, bewahre uns vor trotziger Rede, halte uns ab von törichten Worten und Gedanken, wir bitten Dich, Herr Jesus, der Du alle kennst und alle richtest.»

So sprach der Geistliche mit seiner traurigen, volltönenden Stimme und wusch sich die Hände vor dem Herrn. Fanny beugte sich während des Gebets wachsam nach vorn. Sie konnte Harrys rundlichen, ebenfalls nach vorn gebeugten Kopf sehen. Harrys Gesicht war undurchdringlich und ausdruckslos. Der Schock hatte sie verstört. Nun gewann eher der Ärger in ihr die Oberhand.

The audience began to rustle to its feet, to ooze slowly and excitedly out of the chapel, looking with wildly-interested eyes at Fanny, at Mrs Nixon, and at Harry. Mrs Nixon, shortish, stood defiant in her pew, facing the aisle, as if announcing that, without rolling her sleeves up, she was ready for anybody. Fanny sat quite still. Luckily the people did not have to pass her. And Harry, with red ears, was making his way sheepishly out of the gallery. The loud noise of the organ covered all the downstairs commotion of exit.

The minister sat silent and inscrutable in his pulpit, rather like a death's-head, while the congregation filed out. When the last lingerers had unwillingly departed, craning their necks to stare at the still seated Fanny, he rose, stalked in his hooked fashion down the little country chapel and fastened the door. Then he returned and sat down by the silent young woman.

"This is most unfortunate, most unfortunate!" he moaned. "I am so sorry, I am so sorry, indeed, indeed, ah, indeed!" he sighed himself to a close.

"It's a sudden surprise, that's one thing," said Fanny brightly.

"Yes – yes – indeed. Yes, a surprise, yes. I don't know the woman, I don't know her."

"I know her," said Fanny. "She's a bad one."

"Well! Well!" said the minister. "I don't know her. I don't understand. I don't understand at all. But it is to be regretted, it is very much to be regretted. I am very sorry."

Fanny was watching the vestry door. The gallery stairs communicated with the vestry, not with the

Die Zuhörer standen raschelnd auf und einer nach dem andern verschwand langsam und aufgeregt aus der Kirche; sie richteten ihre Blicke mit wilder Anteilnahme auf Fanny, auf Mrs Nixon und auf Harry. Die gedrungene Mrs Nixon stand trotzig in ihrer Bank, mit dem Gesicht zum Gang, als wolle sie bekanntgeben, dass sie, ohne sich die Ärmel aufzukrempeln, es mit jedem aufnehmen würde. Fanny saß ganz ruhig da. Zum Glück mussten die Leute nicht an ihr vorbeigehen. Und Harry verließ linkisch und mit roten Ohren die Empore. Das laute Geräusch der Orgel übertönte die ganze Aufregung unten am Ausgang.

Der Geistliche saß, fast wie ein Totenkopf aussehend, schweigend und unerforschlich auf seiner Kanzel, während die Gemeinde sich einer nach dem andern davonmachte. Als die letzten Zögernden widerwillig gegangen waren, wobei sie sich die Hälse ausgerenkt hatten, um die noch immer dasitzende Fanny anzustarren, stand er auf, schritt steifbeinig in seiner gekrümmten Art die kleine Dorfkirche entlang und verriegelte die Tür. Dann kam er zurück und setzte sich neben die schweigsame junge Frau.

«Das ist überaus bedauerlich, überaus bedauerlich!», klagte er. «Es tut mir so leid, es tut mir so leid, wirklich, wirklich, ach wirklich!», endete er seufzend.

«Es ist eine unvorhergesehene Überraschung, da kann man nichts machen», sagte Fanny heiter.

«Ja, ja – in der Tat. Ja, eine Überraschung, ja. Ich kenne die Frau nicht, ich kenne sie nicht.»

«Ich kenne sie», antwortete Fanny. «Sie ist böse.»

«Nur ruhig! Nur ruhig!», sagte der Geistliche. «Ich kenne sie nicht. Ich begreife überhaupt nicht. Aber es ist bedauerlich, es ist sehr bedauerlich. Es tut mir sehr leid.»

Fanny behielt die Tür zur Sakristei im Auge. Die Treppe zur Empore stand mit der Sakristei in Verbindung, nicht mit

body of the chapel. She knew the choir members had been peeping for information.

At last Harry came – rather sheepishly – with his hat in his hand.

"Well!" said Fanny, rising to her feet.

"We've had a bit of an extra," said Harry.

"I should think so," said Fanny.

"A most unfortunate circumstance – a most *unfortunate* circumstance. Do you understand it, Harry? I don't understand it at all."

"Ah, I understand it. The daughter's goin' to have a child, an' 'er lays it on to me."

"And has she no occasion to?" asked Fanny, rather censorious.

"It's no more mine than it is some other chap's," said Harry, looking aside.

There was a moment of pause.

"Which girl is it?" asked Fanny.

"Annie – the young one –"

There followed another silence.

"I don't think I know them, do I?" asked the minister.

"I shouldn't think so. Their name's Nixon – mother married old Bob for her second husband. She's a tanger – 's driven the gel to what she is. They live in Manners Road."

"Why, what's amiss with the girl?" asked Fanny sharply. "She was all right when I knew her."

"Ay – she's all right. But she's always in an' out o' th' pubs, wi' th' fellows," said Harry.

"A nice thing!" said Fanny.

Harry glanced towards the door. He wanted to get out.

dem Kirchenschiff. Sie wusste, dass die Chormitglieder gelugt hatten, um Neues zu erfahren.

Schließlich kam Harry – ziemlich linkisch – mit dem Hut in der Hand.

«Na!», sagte Fanny und erhob sich.

«Wir hatten eine kleine Zugabe», sagte Harry.

«Das möchte ich meinen», antwortete Fanny.

«Ein höchst unglücklicher Vorfall – ein höchst *unglücklicher* Vorfall. Verstehst du ihn, Harry? Ich verstehe ihn überhaupt nicht.»

«Ach, ich versteh ihn. Die Tochter kriegt 'n Kind, un sie schiebt's mir in die Schuh.»

«Und hat sie keine Veranlassung dazu?», fragte Fanny ziemlich streng.

«'s ist nicht *mehr* von mir wie von einem andern Kerl», sagte Harry und blickte beiseite.

Es trat eine kurze Pause ein.

«Welches Mädchen ist es?», fragte Fanny.

«Annie – die Junge ...»

Wieder folgte Stillschweigen.

«Ich glaube nicht, dass ich sie kenne, oder?», fragte der Geistliche.

«Ich glaube nicht. Sie heißen Nixon – die Mutter hat als zweiten Mann den alten Bob geheiratet. Sie ist eine Durchtriebene – hat das Mädel so weit gebracht, wie's jetzt ist. Sie wohnen in der Manners Road.»

«Wieso, was ist an dem Mädchen nicht in Ordnung?», fragte Fanny scharf. «Sie war prima, als ich sie kannte.»

«Ja – sie ist in Ordnung. Aber sie zieht immer von einer Kneipe zur andern, mit 'n Burschen», sagte Harry.

«Ein nettes Ding!», bemerkte Fanny.

Harry warf einen schnellen Blick zur Tür. Er wollte hinaus.

"Most distressing, indeed!" The minister slowly shook his head.

"What about tonight, Mr Enderby?" asked Harry, in rather a small voice. "Shall you want me?"

Mr Enderby looked up painedly, and put his hand to his brow. He studied Harry for some time, vacantly. There was the faintest sort of a resemblance between the two men.

"Yes," he said. "Yes, I think. I think we must take no notice, and cause as little remark as possible."

Fanny hesitated. Then she said to Harry.

"But *will* you come?"

He looked at her.

"Ay, I s'll come," he said.

Then he turned to Mr Enderby.

"Well, good-afternoon, Mr Enderby," he said.

"Good-afternoon, Harry, good-afternoon," replied the mournful minister. Fanny followed Harry to the door, and for some time they walked in silence through the late afternoon.

"And it's yours a much as anybody else's?" she said.

"Ay," he answered shortly.

And they went without another word, for the long mile or so, till they came to the corner of the street where Harry lived. Fanny hesitated. Should she go on to her aunt's? Should she? It would mean leaving all this, for ever. Harry stood silent.

Some obstinacy made her turn with him along the road to his own home. When they entered the house-place, the whole family was there, mother and father and Jinny, with Jinny's husband and children and Harry's two brothers.

«Höchst bedrückend, wirklich!» Der Geistliche schüttelte bedächtig den Kopf.

«Wie steht's mit heute Abend, Mr Enderby?», fragte Harry ziemlich kleinlaut. «Werden Sie mich brauchen?»

Mr Enderby schaute gequält auf und legte die Hand an die Stirn. Er betrachtete Harry eine Zeit lang geistesabwesend. Es bestand so etwas wie eine Spur von Ähnlichkeit zwischen den zwei Männern.

«Ja», sagte er. «Ich glaube schon. Ich glaube, wir dürfen uns nicht darum kümmern, sollten möglichst wenig davon her machen.»

Fanny zögerte. Dann sagte sie zu Harry:

«Aber *willst* du kommen?»

Er sah sie an.

«Freilich komm ich», sagte er.

Dann wandte er sich an Mr Enderby.

«Also, Guten Tag, Mr Enderby!», sagte er.

«Guten Tag, Harry, Guten Tag!», erwiderte der bekümmerte Geistliche. Fanny folgte Harry zur Tür und eine ganze Weile gingen sie schweigend durch den Spätnachmittag.

«Und es ist deines ebenso sehr wie das eines anderen?», fragte sie.

«Ja», antwortete er kurz.

Sie gingen die etwa eine Meile lange Wegstrecke ohne ein weiteres Wort dahin, bis sie an die Ecke der Straße kamen, in der Harry wohnte. Fanny zögerte. Sollte sie zu ihrer Tante weitergehen? Sollte sie? Es würde bedeuten, das alles aufzugeben, für immer. Harry stand da und schwieg.

Eine gewisse Hartnäckigkeit ließ sie mit ihm umkehren und die Straße entlang zu ihm nach Hause gehen. Als sie die Wohnstube betraten, war die ganze Familie anwesend, Mutter, Vater und Jinny, zusammen mit Jinnys Mann und Kindern sowie Harrys beide Brüder.

"You've been having yours ears warmed, they tell me," said Mrs Goodall grimly.

"Who telled thee?" asked Harry shortly.

"Maggie and Luke's both been in."

"You look well, don't you!" said interfering Jinny.

Harry went and hung his hat up, without replying.

"Come upstairs and take your hat off," said Mrs Goodall to Fanny, almost kindly. It would have annoyed her very much if Fanny had dropped her son at this moment.

"What's 'er say, then?" asked the father secretly of Harry, jerking his head in the direction of the stairs whence Fanny had disappeared.

"Nowt yet," said Harry.

"Serve you right if she chucks you now," said Jinny. "I'll bet it's right about Annie Nixon an' you."

"Tha bets so much," said Harry.

"Yi – but you can't deny it," said Jinny.

"I can if I've a mind."

His father looked at him inquiringly.

"It's no more mine than it is Bill Bower's, or Ted Slaney's, or six or seven on 'em," said Harry to his father.

And the father nodded silently.

"That'll not get you out of it, in court," said Jinny.

Upstairs Fanny evaded all the thrusts made by his mother, and did not declare her hand. She tidied her hair, washed her hands, and put the tiniest bit of powder on her face, for coolness, there in front of Mrs Goodall's indignant gaze. It was like a decla-

«Dir ist schön der Marsch geblasen worden, was man so reden hört», sagte Mrs Goodall grimmig.

«Wer hat's dir jesacht?», fragte Harry kurz.

«Maggie und Luke sin beede drin jewesen.»

Jinny schaltete sich in das Gespräch ein: «Du siehst gut aus, wirklich!»

Harry ging und hängte seinen Hut auf, ohne darauf zu antworten.

«Komm nach oben und leg deinen Hut ab!», sagte Mrs Goodall zu Fanny, fast gütig. Es wäre ihr sehr unangenehm gewesen, wenn Fanny in diesem Augenblick ihrem Sohn den Laufpass gegeben hätte.

«Was sachste also?», fragte der Vater, als Harry allein war, und warf den Kopf in Richtung Treppe, wo Fanny verschwunden war.

«Noch nix», sagte Harry.

«Jeschieht dir recht, wenn sie dich jetzt an die Luft setzt», sagte Jinny. «Ich wette, das schtimmt, das mit Annie Nixon un dir.»

«Du wettest bisschen viel», bemerkte Harry.

«Ja – doch du kannst's nicht leugnen», sagte Jinny.

«Ich kann's, wenn ich Lust hab.»

Sein Vater sah ihn forschend an.

«Es ist so wenig meins wie Bill Bower seins oder Ted Slaney seins oder das von sechs oder sieb'n anderen», antwortete Harry seinem Vater.

Der Vater nickte und schwieg.

«Das wird dir aber nicht raushelfen, vor Gericht», sagte Jinny.

Eine Treppe höher wich Fanny all den von seiner Mutter gemachten Vorstößen aus und gab kein Heiratsversprechen ab. Sie brachte ihr Haar in Ordnung, wusch sich die Hände und puderte seelenruhig ein ganz klein wenig das Gesicht, genau vor Mrs Goodalls entrüstetem starrem Blick. Es war

ration of independence. But the old woman said nothing.

They came down to Sunday tea, with sardines and tinned salmon and tinned peaches, besides tarts and cakes. The chatter was general. It concerned the Nixon family and the scandal.

"Oh, she's a foul-mouthed woman," said Jinny of Mrs Nixon. "She may well talk about God's holy house, *she* had. It's first time she's set foot in it, ever since she dropped off from being converted. She's a devil and she always was one. Can't you remember how she treated Bob's children, mother, when we lived clown in the Buildings? I can remember when I was a little girl she used to bathe them in the yard, in the cold, so that they shouldn't splash the house. She'd half kill them if they made a mark on the floor, and the language she'd use! And one Saturday I can remember Garry, that was Bob's own girl, she ran off when her stepmother was going to bathe her – ran off without a rag of clothes on – can you remember, mother? And she hid in Smedley's closes – it was the time of mowing-grass – and nobody could find her. She hid out there all night, didn't she, mother? Nobody could find her. My word, there was a talk. They found her on Sunday morning –"

"Fred Coutts threatened to break every bone in the woman's body, if she touches the children again," put in the father.

"Anyhow, they frightened her," said Jinny. "But she was nearly as bad with her own two. And anybody can see that she's driven old Bob till he's gone soft."

"Ah, soft as mush," said Jack Goodall. "'E'd never

wie eine Unabhängigkeitserklärung. Aber die alte Frau sagte nichts.

Sie kamen zum sonntäglichen Tee hinunter; es gab dazu Sardinen, Lachs und Pfirsiche aus Dosen, neben Obsttorten und Kuchen. Das Geschnatter war allgemein. Es ging um die Familie Nixon und das öffentliche Ärgernis.

«Oh, sie ist ein Schandmaul», sagte Jinny über Mrs Nixon. «Und die will was über das heilige Gotteshaus sagen, ausgerechnet *die*. Sie hat es zum ersten Mal wieder betreten, seitdem sie es aufgab, sich bekehren zu lassen. Sie ist ein Teufel und war stets einer. Kannst du dich erinnern, Mutter, wie sie Bobs Kinder behandelte, als wir unten in den Blocks wohnten? Ich kann mich entsinnen, dass sie, als ich ein kleines Mädchen war, die Kinder gewöhnlich im Hof, in der Kälte, badete, damit sie das Haus nicht vollspritzen konnten. Sie brachte sie halb um, wenn sie auf dem Boden eine Spur hinterließen; und die Sprache, die sie immer gebrauchte! Und an einem Samstag, kann ich mich erinnern, lief Garry, das war Bobs eigenes Mädchen, davon, als ihre Stiefmutter sie baden wollte – rannte davon, ohne dass sie einen Fetzen anhatte – kannst du dich erinnern, Mutter? Und sie versteckte sich in Smedleys Einfriedung – es war die Zeit der Grasmahd –, und niemand konnte sie finden. Sie versteckte sich die ganze Nacht draußen, stimmt's, Mutter? Niemand konnte sie finden. Auf mein Wort, da gab's Gerede. Man fand sie am Sonntag früh ...»

«Fred Coutts drohte damit, der Frau jeden Knochen im Leib zu brechen, wenn sie die Kinder noch einmal anrührte», warf der Vater ein.

«Jedenfalls hat man sie eingeschüchtert», sagte Jinny. «Aber mit ihren zwei eigenen war sie fast ebenso grässlich. Und jeder kann sehen, dass sie den alten Bob so gründlich behandelt hat, dass er weich geworden ist.»

«Weich wie Brei», sagte Jack Goodall. «Er würde nie einen

addle a week's wage, nor yet a day's if th' chaps didn't make it up to him."

"My word, if he didn't bring her a week's wage, she'd pull his head off," said Jinny.

"But a clean woman, and respectable, except for her foul mouth," said Mrs Goodall. "Keeps to herself like a bull-dog. Never lets anybody come near the house, and neighbours with nobody."

"Wanted it thrashed out of her," said Mr Goodall, a silent, evasive sort of man.

"Where Bob gets the money for his drink from is a mystery," said Jinny.

"Chaps treats him," said Harry.

"Well, he's got the pair of frightenedest rabbit-eyes you'd wish to see," said Jinny.

"Ay, with a drunken man's murder in them, *I* think," said Mrs Goodall.

So the talk went on after tea, till it was practically time to start off to chapel again.

"You'll have to be getting ready, Fanny," said Mrs Goodall.

"I'm not going tonight," said Fanny abruptly. And there was a sudden halt in the family. "I'll stop with *you* tonight, Mother," she added.

"Best you had, my gel," said Mrs Goodall, flattered and assured.

Wochenlohn oder auch nur Tageslohn verdienen, wenn die Kumpel nicht für ihn Rückstände aufholten.»

«Mein Gott, wenn er ihr keinen Wochenlohn brächte, würde sie ihm den Kopf abreißen», sagte Jinny.

«Aber eine reinliche Frau, und anständig, sieht man von ihrem Lästermaul ab», sagte Mrs Goodall. «Hütet ihren Bereich wie eine Bulldogge. Lässt keinen ans Haus ran und hat keinerlei nachbarlichen Umgang.»

«Wollte ihr's schon austreiben», sagte Mr Goodall, ein stiller, ausweichender Mensch.

«Woher Bob das Geld für seine Getränke bekommt, ist ein Geheimnis», sagte Jinny.

«Kumpel halten ihn frei», bemerkte Harry.

«Na, er hat die ängstlichen Kaninchenaugen, die man sehen möchte», sagte Jinny.

«Freilich, in denen sich die Ermordung eines Betrunkenen zeigt, glaube *ich*», antwortete Mrs Goodall.

So ging die Plauderei nach der Teemahlzeit weiter, bis es wirklich Zeit war, wieder zur Kirche aufzubrechen.

«Du musst dich jetzt fertig machen, Fanny», sagte Mrs Goodall.

«Ich gehe heute Abend nicht hin», erklärte Fanny plötzlich. Und auf einmal schwieg die Familie. «Ich bleibe heute Abend bei *dir*, Mutter», fügte sie hinzu.

«Das wäre das Beste, mein Mädel», sagte Mrs Goodall. Sie war geschmeichelt und voller Zuversicht.

Anmerkungen

Seite 6, Textzeile 16 *Wessex:* eines der Königreiche in angelsächsischer Zeit, heute etwa die Grafschaften Hampshire, Dorset, Wiltshire und Somerset umfassend. Hardy erfand für das «Wessex» seiner Werke eine eigene Topographie.

70, 23 *chub:* Döbel, Aitel (leuciscus cephalus; Süßwasserfisch).

72, 1 *Medway:* Fluss in Südost-England.

110, 3 *Charing Gross:* Eine Stelle im Süden vom Trafalgar Square, das «Herz Londons» genannt; von hier aus werden alle Straßenentfernungen in andere Teile des Königsreiches gemessen.

154, 2 v.u. *pudding:* Fleisch in einer Teighülle gebacken.

160, 21 *Peninsular (War):* (1808–1812): spanischer Aufstand, der mit englischer Hilfe unter Herzog Wellington zur Befreiung der Halbinsel von der napoleonischen Herrschaft führte.

196, 1 *«he handled his aitches so hopelessly»:* Das «h» am Wortanfang nicht zu sprechen, gilt als vulgär. Harry leistet eine Überkompensation, indem er ein «h» artikuliert, wo gar keines hingehört.

196, 7 ‹*Angels ever bright and fair* –›: Arie aus dem Oratorium ‹Theodora› (1749) von Georg Friedrich Händel.

200, 2 v.u. *Balaam's ass:* vgl. 4. Mose 22,22–35.

202, 18 *«They that sow ... his sheaves with him* –»: Psalm 126,5 u. 6.

204, 5 v.u. *the choir stood like Lot's wife»:* 1. Mose 19,26: «Lots Weib sah hinter sich und ward zur Salzsäule.»

206,9 ‹*Fair waved the golden corn ...*›: Kirchenlied von J. Hampden Gurney (1802–1862).

Biographische Notizen

Thomas Hardy (1840–1928). Geboren in der Nähe von Dorchester in Dorset; hat die meiste Zeit seines Lebens im Umkreis seines Geburtsortes gelebt. Kam als Sechzehnjähriger zu einem Architekten in die Lehre, erwarb sich seine Bildung als Autodidakt. 1874 ermöglichte ihm der Erfolg des Romans *Far from the Madding Crowd*, den Brotberuf an den Nagel zu hängen. Die bekanntesten von Hardys vierzehn Romanen sind, außer dem genannten: *The Return of the Native* (1878), *The Mayor of Casterbridge* (1886), *The Woodlanders* (1887), *Tess of the d'Urbervilles* (1891) und *Jude the Obscure* (1895). Er veröffentlichte ferner acht Bände Gedichte, über vierzig Kurzgeschichten und das Epos *The Dynasts*, das die napoleonische Zeit zwischen 1805 und 1815 behandelt. *The Fiddler of the Reels* wurde 1893 veröffentlicht.

William Schwenck Gilbert (1836–1911). Schrieb nach kurzer, erfolgloser Anwaltstätigkeit für *Punch* und *Fun* unter seinem Spitznamen «Bab» humoristische und satirische Verse, die 1869 gesammelt unter dem Titel *Bab Ballads* erschienen. Am besten ist Gilbert als Librettist von Sir Arthur Sullivans Savoy-Opern in Erinnerung geblieben. Nach über zwanzigjähriger Zusammenarbeit kam es zum Bruch zwischen den beiden, der nur notdürftig gekittet wurde. Gilbert schrieb auch Dutzende von Kurzgeschichten für die Zeitschriften; *Angela* erschien 1890 in *The Century Magazine*.

«George Egerton» (Mary Chavelita Dunne Bright, 1860–1945). Irisch-walisischer Herkunft, in Australien geboren, in Irland aufgewachsen. Bewandert in mindestens fünf Sprachen, dreimal verheiratet – ihr erster Ehemann hieß George Egerton Clairemont –, wurde zu einer Vorkämpferin des Fe-

minismus. In ihren Kurzgeschichten – erwähnt seien die Sammlungen *Keynotes* (1893), der die vorliegende Erzählung entnommen ist, *Discords* (1894), *The Wheel of God* (1898) – liefert sie grimmige Schilderungen unglücklicher Frauen. *Keynotes* war Knut Hamsun gewidmet, in den sie sich kurz verliebt und dessen Roman *Hunger* sie übersetzt hat (1899).

Arthur Morrison (1863–1945). Schrieb als Journalist realistische Geschichten, die im East End von London spielen, erstmals in Zeitschriften veröffentlicht wurden und 1894 als Sammlung *Tales of Mean Streets* erschienen, der unsere Geschichte entnommen ist. Zu erwähnen sind ferner seine eindrucksvollen Romane *A Child of the Jago* (1896) und *The Hole in the Wall* (1902).

George Robert Gissing (1857–1903). Glänzender Schüler und Student; wurde des Diebstahls überführt und musste für einen Monat ins Gefängnis. Nach einjährigem Wanderleben in Amerika kehrte er 1877 in die Heimat zurück, wo er sich zunächst mit Nachhilfeunterricht in Latein und Griechisch durchschlug. Zwei Ehen mit Mädchen proletarischer Herkunft scheiterten. Er fühlte sich zum Schriftsteller berufen und musste für einen Hungerlohn arbeiten. Diese Elendsjahre werden in seinem bekanntesten Werk, *New Grub Street* (1891), und in *The Private Papers of Henry Ryecroft* (1908) geschildert. Gissing sieht seine Vorbilder in Balzac und Dickens; Letzterem widmete er auch eine kritische Studie. Er beschrieb das Leben der unteren Mittelklasse, vor allem die missliche Lage der Frauen. – Die vorliegende Erzählung stammt aus der 1898 erschienenen Sammlung *Human Odds and Ends*.

George Moore (1852–1933). Anglo-Ire, der seine Jugend teils in Irland, teils in London verbrachte. Gab eine militäri-

sche Laufbahn auf und begann in Londoner Künstlerkreisen zu verkehren. Nach dem Tod seines Vaters ließ er sich 1870 in Paris nieder, wo er, beeinflusst von Balzac, den Brüdern Goncourt und vor allem Zola, den viktorianischen Roman mit realistischen und naturalistischen Elementen anreicherte. Seine Sammlung von Kurzgeschichten *Celibate Lives* (1927) zeigt den deutlichen Einfluss Flauberts und zählt zu seinen besten Werken. *A Faithful Heart* erschien 1892.

D(avid) H(erbert) Lawrence (1885–1930), geboren in Eastwood (Nottinghamshire), Sohn eines Bergarbeiters und einer Lehrerin, wurde 1908 Lehrer in London, erkrankte 1911 an Tuberkulose und wurde Schriftsteller. Wegen vorsätzlichen Verstoßes gegen gesellschaftliche Wertnormen wurde er stark angefeindet. Sein Buch *Lady Chatterley's Lover* (1928) wurde verboten. Lawrence verließ England und lebte meist in Mexiko und Italien. Gestorben ist er bei Nizza. Sein Werk kreist, zum Teil mit sozialutopischen Gedankengängen, um die Wiedergewinnung der verlorenen Lebens-Ganzheit. In der Sexualität sah er die einzige noch ungebrochene Urkraft des Lebens. *Fanny and Annie* steht in dem 1922 erschienenen Sammelband *England, My England.*